Les essentiels
de la banque

Hubert de Vauplane
Directeur de la collection

Marchés monétaire et obligataire

Tome 2

Techniques juridiques opérationnelles du marché obligataire

Gilles Kolifrath
Responsable juridique mondial
des marchés de capitaux,
Crédit Agricole Indosuez

Thomas Journel
Doctorant, Paris 1

REVUE
NQUE
ITION

« *On ne part pas de la simplicité, on y arrive à la fin.* »
Constantin Brancusi

À Alexandra, Roxane et A.M.

Dans la même collection *Sous la direction de Hubert de Vauplane*

Appel public à l'épargne (L'), B. Gourisse, 2002
Banque centrale européenne (La), F. Papadia et C. Santini, 1999
Cadre économique et réglementaire du crédit-bail (Le), Tome 1, É. Garrido, 2002
Capital-risque (Le), M. Chérif, 2000
Carte et ses atouts (La), C. Dragon, D. Geiben et G. Nallard, 2002
Cessions temporaires de titres (Les), P. Gissinger, H. Blanc-Jouvan et H. Ekué, 2001
Contrôle de gestion et stratégie dans la banque, G. Naulleau et M. Rouach, 2000
Crédit-bail – Outil de financement structurel et d'ingénierie commerciale (Le), Tome 2, É. Garrido, 2002
Déontologie financière – Brèves leçons – Des règles de bonne conduite à la lutte antiblanchiment (La), B. Gizard et J.-P. Deschanel, 2002
Économie digitale et services financiers, M. Lafitte, 2002
Épargne salariale – Après la loi du 19 février 2001 (L'), P. Maillard, 2002
Marchés monétaire et obligataire – Tome 1 – Théorie juridique et comparaison des marchés, G. Kolifrath et T. Journel, 2002
Méthodes de vente pour les banques à réseaux, C. Barthélémy, Y. Catho et J.-H. Maisonneuve, 2002
Notation financière – L'approche du risque de crédit (La), J.-F. de Polignac, 2002
Offres publiques en Bourse – Aspects juridiques (Les), J.-J. Daigre, 2000
Place financière de Paris (La), C. Karyotis, 2001 (2e éd.)
Places financières internationales (Les), A. Borderie, 2001
Secret bancaire (Le), O. Jerez, 2000
Systèmes de règlement-livraison européens (Les), C. Karyotis, 2000
Taux d'intérêt (Les), M. Chérif, 2000
Taux de change (Les), M. Chérif, 2002

Chez le même éditeur

15 ans de jurisprudence de la Loi Dailly, A. Cerles et É. Thiercelin, 1998 (AFB Diffusion)
Analyse et dynamique du marché des capitaux, P. Prissert et D. Besnard, CFPB, 1995 (4e éd.)
Annuaire des membres de la Fédération bancaire française, Fédération bancaire française, avril 2002
Banque américaine (La), A. Mérieux, 1998
Banque et l'entreprise (La), G. Rouyer et A. Choinel, CFPB, 1996 (3e éd.)
Banque et le règlement des successions (La), P. Reynier et É. Thiercelin, 1998 (AFB Diffusion)
Banque et les mineurs (La), É. Thiercelin, 1996 (AFB Diffusion)
Banques, votre pub m'intéresse !, M. de Robien, 1997
Bilan d'une banque (Le), Fr. Bussac et M. Quinault, 2000
Blanchiment de l'argent (Le), O. Jerez, 1998
Capital-investissement (Le), Fr.-D. Poitrinal, 2001 (2e éd.)
Cautionnement et la banque: engagements reçus par les banques (Le), A. Cerles, 2000 (AFB Diffusion)
Cession d'une agence bancaire, J.-B. de Balanda et C.-J. Martin, 1996 (AFB Diffusion)
Contrôle de gestion bancaire et financier (Le), M. Rouach et G. Naulleau, 2002 (4e éd.)
Contrôle comptable bancaire (Le)
Tome I-Normes, techniques et mise en œuvre, J.-L. Siruguet et L. Koessler, 1998
Tome II-Pratique du contrôle comptable des opérations de banque classiques, J.-L. Siruguet, 2001
Convention collective de la banque, Association française des banques, avril 2002
Correspondance bancaire français-anglais, J. Hamilton-Marie, 2001
Crédit-bail mobilier (Le), C. Bruneau, 1999

Droit bancaire et financier-Mélanges AEDBF-France II, J.-P. Mattout et H. de Vauplane, 1999
Droit bancaire et financier-Mélanges AEDBF-France III, J.-J. Daigre et H. de Vauplane, 2001
Droit bancaire international, J.-P. Mattout, 1997 (2e éd.)
Droit des marchés financiers-Réflexions sur les sources, P. Aïdan, 2001
Échanges et finance internationale, les acteurs, Ph. d'Arvisenet et J.-P. Petit, CFPB, 1997
Entreprises en difficulté, pratique bancaire et juridique (Les), J.-M. Daunizeau, 1996
États financiers américains (Les), H. Koulayom, 1999
Exploitant de banque et le droit (L'), P. Bouteiller et Fr. Ribay, 2000 (3e éd.)
Guide des métiers (Le), Revue Banque et TMP Worldwide, 2002 (2e éd.)
Informatique et libertés : les banques et le traitement des données, J.-L. Dufournaud, 1997 (AFB Diffusion)
Introduction à l'ingénierie financière, A. Choinel, 2002 (4e éd.)
Introduction au marché bancaire des particuliers et des professionnels, J.-J. Bernard et J.-C. Gauthier, CFPB, 2002
Marché financier-Structures et acteurs (Le), A. Choinel et G. Rouyer, CFPB, 2002 (8e éd.)
Marchés financiers & droit commun, Fr. Peltier, 1997
Mélanges en l'honneur de Michel Vasseur, sous la direction de Th. Bonneau, 2000
Moyens de paiement (Les), GM Consultants, 1997
Nantissements et autres garanties mobilières (Les), J.-L. Guillot, 2000 (AFB Diffusion)
Opérations bancaires à l'international (Les), P. Garsuault et S. Priami, CFBP, 1999
Pratique des garanties bancaires dans les contrats internationaux (La), J. Klein-Cornede, 1999 (AFB Diffusion)
Professions et activités réglementées : comptes et garanties financières, Fr. Ribay et É. Thiercelin, 2000 (AFB Diffusion)
Réforme des procédures civiles d'exécution (La), J.-M. Delleci, 1997 (2e éd.)
Risques cachés d'Internet (Les)/Hidden risk of Internet, CFONB – AFB Diffusion, 2001 (CD-ROM)
Secret bancaire (Le), T. Samin, 1997 (AFB Diffusion)
Systèmes bancaire et financier – Approches française et européenne, A. Choinel, 2002
Systèmes d'information dans les établissements financiers (Les), M. Lafitte, 2000
Terminologie bancaire, économique & financière,
anglais-français, J.-M. Cicile, 2002 (3e éd.)
allemand-français, J.-M. Cicile, 1995
Titres et emprunts obligataires, Tome I-Le titre obligataire, J.-P. Bouère, Ph. Derouin, J.-M. Desaché, A. Duhamel, É. Malinvaud et H. de Vauplane, 1998

Dans la collection « Fiscabanque »

Documents de synthèse de l'entreprise (Les), G. Morel, CFPB, 2001
Fiscalité, placements et réductions d'impôts 2002, G. Morel, CFPB
Fiscalité des entreprises, G. Morel, CFPB, 2001 (10e éd.)

Des revues

Banque Magazine, Banque & Droit, Banque & Marchés, Banque Stratégie

Des comptes rendus de séminaires

ISBN : 2.86325-360.3 - N° Diffuseur : G60294

Diffusé par les Éditions d'Organisation, 1, rue Thénard, 75240 Paris Cedex 05

Sommaire

Introduction

L'investisseur de droit commun dispose aujourd'hui d'une multitude de possibilités pour investir en Bourse. De très nombreux courtiers en ligne sont d'ailleurs apparus avec pour objectif de placer les marchés financiers à sa portée... Pourtant, il n'est pas d'investisseur plus improbable, car il ignore tout des produits financiers (Tome 2, chap. 4). Il a néanmoins toujours un sentiment bienveillant à l'égard de l'obligation, qu'il croit un placement sûr et à revenus garantis, même si celle-ci n'a cessé d'évoluer vers un titre plus complexe et financièrement plus risqué. Les risques qu'il encourt sont pour lui autant d'avertissements renforçant sa prudence.

Un chapitre sera nécessaire pour lui donner une définition des caractéristiques juridiques des obligations (Tome 1, chap. 3). Deux autres montreront qu'elles occupent une place essentielle dans le monde financier, en tant que modèle du titre de créance, en s'inscrivant dans la continuité des instruments du marché interbancaire et des titres de créance négociables (Tome 1, chap. 1 et 2). Il conviendra alors, de comparer les obligations avec les titres de créance négociables, même si le nominal de ceux-ci les place sans doute en dehors de son portefeuille d'investissements (Tome 1, chap. 4) et de montrer leur diversité (Tome 1, chap. 5).

La description de la pratique des émissions (Tome 2, chap. 1 à 3) indiquera enfin, s'il en était besoin, que les obligations sont un produit de masse (Tome 1, chap. 6), pour le développement duquel l'unification des systèmes nationaux, au niveau de l'Union européenne, mais également au niveau mondial (fiscalité et systèmes de règlement-livraison), est déterminante, et dont les techniques de diffusion sont encore balbutiantes, eu égard au potentiel des nouvelles technologies.

Le tome 1 présente la théorie juridique du marché monétaire et obligataire ainsi que leur comparaison. Le tome 2 décrit les techniques juridiques opérationnelles propres au marché obligataire.

Chapitre 1

Des émissions d'euro-obligations aux émissions internationales en euros

Cernant mieux les caractéristiques des obligations, il convient d'aborder maintenant l'organisation de leurs différents marchés avant d'étudier leurs mécanismes d'émissions.

Historiquement, un émetteur d'obligations place ses titres sur deux marchés, le marché domestique ou le « marché international ».

Le marché domestique est celui qui utilise sa monnaie nationale. Les émissions y sont réalisées selon la loi locale, par des emprunteurs domestiques auprès d'investisseurs locaux. Mais les marchés nationaux ne sont pas fermés, ils sont interconnectés pour assurer la libre circulation des capitaux. Les émetteurs peuvent donc s'adresser à un autre marché que leur marché d'origine et émettre dans une monnaie étrangère, comme ils peuvent aussi solliciter plusieurs places dans une même monnaie (un emprunt obligataire peut être constitué de plusieurs tranches, placées sur plusieurs marchés). Apparaît ici l'élément d'extranéité, qui révèle en droit le caractère international de l'opération. Tout emprunt qui engendre un flux ou un reflux transfrontalier est un emprunt international ou une émission d'euro-obligations.

Il est communément admis que les émissions d'euro-obligations sont nées de l'instauration aux États-Unis de *l'Interest Equalization Tax*, décidée en 1963 pour remédier au déficit de la balance des paiements[1]. La retenue à la source, créée sur les intérêts des capitaux prêtés par des résidents américains à des sociétés étrangères, visait à décourager les prêts aux non-résidents.

Les émetteurs étrangers eurent alors recours à des emprunts auprès de prêteurs non américains.

Effectuons un retour en arrière sur les émissions d'euro-obligations (I), avant de présenter les émissions internationales en euros (II).

I. Des émissions d'euro-obligations…

A – Caractéristiques principales du marché euro-obligataire

Le marché euro-obligataire ou euromarché s'est beaucoup développé pour des raisons économiques, mais surtout pour des raisons juridiques.

L'émission d'euro-obligations bénéficie d'abord d'un cadre juridique original. Elle est exclue du champ d'application de la directive communautaire n° 89/298/CEE du 17 avril 1989 sur la diffusion des valeurs mobilières[2]. Celle-ci précise, en effet, que les eurovaleurs mobilières qui font l'objet d'une campagne de publicité ou de démarchage en sont exclues. Or, les émissions d'euro-obligations ne font pas, par définition, l'objet d'une offre au public sur le marché primaire en France, au-delà d'un certain nombre de personnes. La Cob en a tiré les conséquences en adaptant sa réglementation avec la publication en 1992 de son règlement n° 92-02 (aujourd'hui abrogé et remplacé par le règlement Cob 98-08, modifié à plusieurs reprises depuis 1998).

---

[1] P. DAGUET et J-M. PLANCHE, *Les émissions d'actions et d'obligations*, Economica, 1994, p. 81.

[2] Directive portant sur la coordination des conditions d'établissement, de contrôle et de diffusion du prospectus à publier en cas d'offre publique de valeurs mobilières.

Les eurovaleurs mobilières ont trois caractéristiques essentielles :

- elles sont à prendre ferme et à distribuer par un syndicat, dont deux au moins des membres ont leur siège dans des États différents ;
- elles sont offertes de façon significative dans un ou plusieurs États autres que celui du siège de l'émetteur ;
- elles ne peuvent être souscrites ou initialement acquises que par l'intermédiaire d'un établissement de crédit ou d'un autre établissement financier.

Le marché des euro-obligations est donc un marché transnational, mais ces traits spécifiques n'ont pas été sans influencer les marchés nationaux[3]. Des considérations monétaires nationales ont, en effet, contrarié ou encadré son développement. Par exemple, la Suisse n'a pas souhaité que se développe un marché de l'eurofranc suisse… Longtemps cotées sur des places spécialisées – Luxembourg et Londres – les euro-obligations l'ont ensuite été dans le pays même de la devise utilisée.

Se sont surtout rencontrés sur ce marché les grandes entreprises internationales, les institutions financières, mais aussi des emprunteurs souverains ou supranationaux, des compagnies d'assurance et des Opcvm.

B – Caractéristiques et règles du marché de l'eurofranc

Le marché de l'eurofranc a sans doute démarré en 1967 avec une émission d'euro-obligations de 6 millions de francs de Roussel-Uclaf. On dénombre moins de 90 émissions de 1967 à 1981, date de renforcement du contrôle des changes et de fermeture du compartiment de l'eurofranc.

[3] J-P. BOUÈRE, Ph. DEROUIN, J-M. DESACHÉ, A. DUHAMEL, E. MALINVAUD et H. DE VAUPLANE, *Titres et emprunts obligataires*, Banque Éditeur, 1998, p. 44 et s.

La directive n° 89/298/CEE précitée, définit essentiellement, comme nous l'avons vu, les « eurovaleurs mobilières » par le lieu du placement, et tend à assurer la transparence et la loyauté des marchés financiers en garantissant l'information des investisseurs. La démarche des autorités publiques françaises est sensiblement différente. Son but est monétaire: s'assurer la maîtrise des opérations en francs.

Le franc français n'a longtemps occupé qu'une place fort modeste sur l'euromarché. Son rôle comme monnaie internationale a crû pourtant, de manière considérable, à partir de la fin des années 1980. Le Trésor, très attentif à ce marché, a alors souhaité que le montage des euro-emprunts libellés en francs, quoique destinés en principe à des non-résidents, soit fait à Paris de façon à favoriser le développement de la place et à conserver le contrôle de l'eurofranc. C'est ainsi qu'en juillet 1988, il a fait connaître son désir de voir les obligations libellées en eurofrancs désormais coter à Paris. Ont alors été cotés, sur le compartiment des « émissions internationales » de la cote officielle de la Bourse de Paris, les emprunts les plus prestigieux. A terme, c'est tout le compartiment de l'eurofranc qui a rejoint la Bourse de Paris. On a d'ailleurs parlé de « rapatriement » des euro-obligations, alors qu'elles étaient par définition délocalisées[4].

D'autres raisons ont aussi contribué à ce rapatriement. Le marché de l'eurofranc offrait aux émetteurs l'avantage essentiel d'emprunter sur des durées inférieures à celles du marché domestique. Alors que la règle demeurait celle des sept ans pour les émissions domestiques en francs, le Trésor, en avril 1988, autorisa les émissions en eurofrancs à trois ans. Le mouvement vers l'eurofranc a aussi été favorisé par le fait que les grands emprunteurs du marché national tendaient à s'effacer en France, derrière l'État français, tandis que l'appel à l'euromarché leur procurait une image de marque certaine et une moindre concurrence de

[4] G. ENDRÉO, « Les obligations libellées en eurofrancs », *RD bancaire et bourse*, janv.-févr. 1989, n° 11 (1e partie de la chronique), n° 1, p. 8.

l'État. La préférence pour l'euromarché pouvait encore s'expliquer par son plus grand libéralisme, notamment concernant le calendrier des émissions.

Le marché de l'eurofranc étant situé hors de France et ses participants étant en grande partie non résidents, on a pu se demander si les autorités françaises étaient compétentes pour le réglementer. Alors qu'une réponse négative semblait s'imposer, on sait inexact aujourd'hui de dire que l'euromarché échappait totalement aux ordres juridiques nationaux. Les exigences de politique monétaire de l'époque ont, en effet, conduit certains États à mettre en place un cadre réglementaire pour les émissions internationales libellées dans leur monnaie. Ainsi en a-t-il été de la France pour les émissions en eurofrancs, même si celle-ci a aussi cherché à ne pas paralyser ce marché. L'assouplissement progressif de la réglementation domestique a finalement rapproché les marchés domestique et international, influençant la répartition des opérations et les faisant tendre vers la complémentarité.

1) Domaine d'application

Les règles émanant du Comité de l'eurofranc, organisme constitué auprès de la Direction du Trésor, encadraient les émissions en eurofrancs. Bien que ce comité fût un organisme administratif sans aucun pouvoir réglementaire, ses décisions n'étant l'objet d'aucune publication officielle, celui-ci formulait de véritables normes suivies par la communauté bancaire. Notons que le Comité de l'eurofranc et le Comité des émissions ont été réunis en 1993 (cf. chap. 4, question 9).

Si la réglementation du Comité de l'eurofranc n'a plus court aujourd'hui (supprimée en 1998), il est important d'en rappeler l'essentiel afin de mesurer le chemin parcouru jusqu'à l'euro. Elle était alors contenue essentiellement dans une note du 28 juin 1993 qui reprenait des règles antérieures (et qui ont été modifiées par deux fois en 1994 et 1996).

Conformément au paragraphe 2 de cette note, étaient soumises aux règles de l'eurofranc, non seulement les émissions euro-obligataires libellées en francs, mais aussi celles libellées dans une devise étrangère prévoyant directement ou indirectement un lien avec le franc et ce quelles qu'en soient les caractéristiques : placement privé ou public, émission à taux fixe ou variable, titres de capital ou titres de créance.

Pour les instruments nouveaux, il convenait de consulter préalablement la Direction du Trésor. Aucune restriction n'était toutefois établie quant à la qualité des émetteurs qui pouvaient être privés ou publics, résidents ou non résidents.

Il existait également des exigences tenant aux modalités de l'émission sur le marché de l'eurofranc :

- s'agissant du montant, on distinguait l'émission publique de l'émission privée : le montant de la première ne pouvait être inférieur à 300 millions de francs alors qu'aucun minimum n'était fixé pour la seconde ;
- la durée de l'emprunt ne pouvait être inférieure à un an, ce qui était inférieur à la durée pratiquée sur le marché obligataire domestique (trois ans à partir de 1993) ;
- le taux des commissions était librement débattu pour les emprunts à taux variable, mais pour les emprunts à taux fixe, il devait correspondre à celui pratiqué sur l'euromarché. L'indexation dans les émissions à taux variable était unique et établie par référence au marché monétaire (*Libor* ou *Pibor*) [5]. Les indices utilisables ont été élargis en juillet 1994 (TME) et novembre 1996 (CNO-TEC) par la publication de nouvelles règles de l'eurofranc.

[5] *London Interbank Offered Rate* ou *Paris Interbank Offered Rate.*

Les autres modalités (prix d'émission, jouissance et règlement…) échappaient à toute restriction et étaient dictées par les pratiques de l'euromarché. Le contrat d'émission était de préférence soumis au droit français.

2) Direction de l'émission

C'est à l'occasion de la réouverture du compartiment de l'eurofranc en avril 1985, après quatre ans de fermeture, que le directeur du Trésor réaffirma, devant le Comité de l'eurofranc, que « *seules les banques françaises sont autorisées à diriger en tant que teneurs de plume les émissions d'obligations libellées en eurofrancs, les banques étrangères pouvant toutefois prétendre à la qualité de cochef de file* ». Afin d'accroître l'internationalisation de la place de Paris, les filiales françaises de banques étrangères étaient autorisées dès fin 1987 à diriger les émissions obligataires en francs, sous condition de réciprocité.

Ces règles se sont assouplies au fur et à mesure de la construction européenne. Dès 1996, toute entreprise de crédit ou entreprise d'investissement ressortissant de l'Union européenne (UE), et autorisée par l'autorité compétente de son pays, a pu diriger une émission.

3) Procédure de concertation et placement

En édictant les règles de l'eurofranc, le Comité de l'eurofranc prévoyait que tout lancement d'émission par les banques devait faire l'objet d'une consultation préalable de la Direction du Trésor. Aux termes du paragraphe 9 de sa note, « *celle-ci vérifie que le lancement des émissions ne perturbe pas la tenue du marché et veille à ce que tous les émetteurs aient un droit d'accès égal au marché.* »

Le paragraphe 7 prévoyait d'importantes restrictions de placement des émissions en eurofrancs. Il indiquait que « *les emprunts en eurofrancs sont destinés à être souscrits par des non-résidents. A ce titre, ils ne peuvent être offerts au public en France pendant la période de souscription ou de placement (marché primaire)* ». Par contre, les transactions sur le marché secondaire n'étaient soumises à aucune restriction de placement, ce qui explique que les résidents français possédaient parfois des euro-obligations libellées en francs.

4) Cotation

En juillet 1988, le Trésor a demandé, comme nous l'avons signalé, à voir les emprunts obligataires libellés en francs, et émis sur le marché international, coter à Paris dès lors qu'ils faisaient l'objet d'une émission publique. En cas d'émission privée en France, la cotation de l'emprunt était facultative, sauf cotation antérieure sur un marché étranger.

Cette obligation de cotation à Paris devint une simple recommandation en novembre 1996.

5) Procédure de lancement

La procédure de lancement d'une émission en eurofrancs était similaire à la procédure suivie pour toute euro-émission. Cette homogénéité résultait principalement de l'effort d'uniformisation mené par l'*International Primary Market Association* (*IPMA*) (cf. chap. 4, question 9).

6) Régime fiscal

Ce qui était essentiel pour les intervenants de l'euromarché, c'était autant la liberté du change que l'absence de fiscalité. La question clé est ici celle du prélèvement appliqué sur le revenu des euro-obligations. Si l'émetteur était étranger, le prélèvement français n'était pas appliqué. Qu'en était-il pour des émetteurs français?

Selon l'article 131 *quater* du Code général des impôts (CGI), modifié par une loi du 17 juin 1987 sur l'épargne, « *les produits des emprunts contractés hors de France par des personnes morales françaises avec l'autorisation du ministre de l'Économie, des Finances et de la Privatisation sont exonérés du prélèvement prévu au paragraphe III de l'article 125 A* ». Sans entrer dans le détail, on pourra noter qu'une autorisation a pu être donnée à titre général et qu'il suffit que l'emprunt soit « contracté hors de France », selon le sens donné par l'administration fiscale dans son instruction du 5 juin 1989[6], pour bénéficier de l'exonération.

II.... Aux émissions internationales en euros

Pour aboutir à celles-ci, les règles de l'eurofranc ont été supprimées (A) et la nouvelle monnaie unique s'est imposée au niveau international (B).

A – La suppression du compartiment de l'eurofranc et ses conséquences

Depuis 1994, le marché domestique français et le marché de l'eurofranc tendaient à devenir complémentaires et cette évolution a abouti à la suppression, à l'automne 1998, des règles propres à chacun des marchés. Dans un courrier du 1er octobre 1998, adressé au président de l'Association française des établissements de crédit et des entreprises d'investissement (Afecei), M. le ministre Strauss Kahn a décidé de supprimer le marché de l'eurofranc. Liée à l'avènement de l'euro, cette décision a permis depuis lors aux entreprises d'emprunter en France et en dehors de France « *sans qu'aucune formalité particulière ne leur soit imposée par* [les] *services* » du ministère de l'Économie.

[6] Instruction du 5 juin 1989 relative aux emprunts contractés hors de France par des personnes morales françaises, exonération du prélèvement prévu à l'article 125 A III, *Bulletin Officiel des Impôts*, 5-I-2-89, n°117.

La distinction entre le compartiment domestique et le compartiment de l'eurofranc fut donc supprimée. Subsiste une distinction essentielle entre les émissions avec et sans Appel public à l'épargne (APE) en France (cf. chap. 2).

En pratique, la suppression du marché de l'eurofranc a eu les conséquences suivantes :

- aucune notification préalable des émissions, avec ou sans APE en France, ne doit être effectuée auprès du ministre de l'Économie. Néanmoins, l'émission par des émetteurs français ou étrangers de warrants et d'obligations complexes doit être réalisée, en conformité avec les principes généraux de la Cob et du CMF ;
- les restrictions au placement primaire des émissions internationales des émetteurs français sont supprimées ;
- les émissions obligataires en euros ou en écus, réalisées à compter du 4 mai 1998, sont réputées réalisées hors de France pour l'application des dispositions de l'article 131 *quater* du CGI, ce qui les exonère du prélèvement prévu au III de l'article 125 A du CGI (Instruction du 30 septembre 1998 du service de la législation fiscale, relative aux revenus de capitaux mobiliers et publiée au *Bulletin officiel des impôts*, 5 I-11-98, n° 184 du 6 octobre 1998) ;
- les restrictions traditionnellement apportées au volume minimal des émissions publiques ou cotées (100 millions de francs pour le marché domestique et 300 millions de francs pour le marché de l'eurofranc) sont levées ;
- enfin, la restriction relative à la durée minimale des émissions (un an) est supprimée.

B – Le marché des émissions en euros

1) L'anticipation de l'euro

L'*ECU* (*European Currency Unit*) a été utilisé sur l'euromarché avant l'euro, privilégié par les institutions de l'UE qui entendaient contribuer à son développement.

Certes, le changement de dénomination est entériné depuis le 1er janvier 1999, date de la conversion en euros des titres de la dette publique des pays membres. Mais déjà en 1997 l'anticipation de l'euro sur le marché international allait bon train et se fondait sur les règlements européens relatifs à son introduction.

Le plus souvent, les grands emprunteurs obligataires continuaient de s'endetter en monnaies nationales, tout en prévoyant un mécanisme de conversion en euros dès le 1er janvier 1999. L'anticipation de l'euro revêtait deux formes contractuelles :

- les clauses de conversion, par lesquelles les émetteurs se ménageaient la possibilité de convertir en euros leurs obligations initialement émises en monnaies nationales, et
- les clauses de fusion, dites de consolidation, qui permettaient aux émetteurs de réunir plusieurs emprunts émis en devises différentes, après que l'euro leur fut substitué. Tout regroupement d'emprunts n'était envisageable que si leurs caractéristiques essentielles étaient similaires. Les clauses de consolidation prévues étaient très différentes les unes des autres, mais en général, elles stipulaient que les différentes émissions devraient, après consolidation, être toutes cotées sur au moins une bourse européenne commune, avoir le même numéro *International Securities Identification Number* (*ISIN*) et être admises aux mêmes centrales internationales de compensation.

En prévoyant de telles clauses, les émetteurs d'obligations internationales cherchaient à rassurer les investisseurs sur le passage à la monnaie unique[7].

Une autre manière d'anticiper l'euro, adoptée notamment par la Banque européenne d'investissement (BEI) et certains de ses banquiers, a été de faire comme si l'euro était déjà arrivé avant 1999. Ils ont émis, dès 1997, des emprunts obligataires dans la future monnaie. Les contrats d'émission en euros de la BEI se sont appuyés sur l'article 2 du règlement CE, n° 1103/97 du 17 juin 1997, qui prévoit que : « *Toute référence à l'écu, au sens de l'article 109 G du traité et tel que défini par le règlement CE n° 3320-94, figurant dans un instrument juridique est remplacée par une référence à l'euro au taux d'un euro pour un écu* ». Les contrats de ces émetteurs prévoyaient donc le paiement des coupons en *ECU* au taux d'un *ECU* pour un euro tant que l'introduction de l'euro ne serait pas faite.

2) Le marché de l'euro

Si tous les émetteurs français émettent en euros depuis le 1er janvier 2002, ils peuvent toujours choisir de placer leurs titres en France (avec ou sans APE) ou en dehors et même en dehors de l'Europe. En France, seules les émissions en euros avec APE sont admises par la Cob (art. 14, loi n° 92-666 du 16 juillet 1992, relative au plan d'épargne en actions, et L. 111-1 Cmfi combinés). Les monnaies étrangères pourraient éventuellement être admises pour des placements privés dans la mesure où la réglementation française, relative à l'indexation, est respectée (art. L. 112-1 à L. 112-4 Cmfi, ex-art. 79, ord. n° 58-1374 du 30 décembre 1958).

Selon l'interprétation donnée à l'article 8-4° du règlement

[7] G. Endréo, « L'euro et les émissions obligataires internationales », *RD bancaire et bourse,* n° 63, oct. 1997, p. 1998 et s.

européen n° 974-98 du 3 mai 1998, la conversion des émissions en devises *in* pouvait être décidée par l'émetteur entre le 1er janvier 1999 et le 31 décembre 2001. La loi du 2 juillet 1998 (art. 18 II) a précisé qu'il pouvait être procédé à la conversion et à la redénomination – la somme nominale des titres détenus par un souscripteur est divisée par le taux légal puis découpée en titres de un euro, restant à percevoir une soulte – sans réunion des porteurs de titres ni, le cas échéant, de la masse. La place a donc organisé ces conversions de façon à éviter les afflux excessifs à certaines dates, et le CMF a fixé un calendrier de conversion en euros des titres de créance en francs afin d'organiser un basculement progressif à partir de l'année 1999[8].

L'introduction de la monnaie unique offrait l'opportunité d'accorder la réglementation avec la réalité des marchés, pour lesquels les distinctions géographiques étaient de moins en moins pertinentes[9]. Aux notions de marché domestique et de marché international se sont donc substitués les concepts d'émissions avec ou sans APE. La création de la zone euro a également entraîné la redéfinition des prérogatives des BCN et autres organismes de contrôle, quant au fonctionnement et à l'organisation du marché de leur devise (cf. Tome 1, chap. 1).

L'euro est finalement un vecteur monétaire puissant dans un espace financier où le marché obligataire de l'Union économique et monétaire représente environ le tiers du marché mondial. L'émission obligataire en euros est d'ores et déjà devenue un standard pour plusieurs pays. Si la structure du marché de l'euro est nouvelle, car les spécificités des marchés domestiques ont quasiment toutes disparu, gageons que ce nouveau marché européen évoluera bientôt vers encore plus de transparence et d'harmonie, notamment en matière fiscale.

[8] Pour plus de détails, J-P. BOUÈRE, Ph. DEROUIN, J-M. DESACHÉ, A. DUHAMEL, E. MALINVAUD et H. DE VAUPLANE, *Titres et emprunts obligataires*, Tome 1, Banque Editeur, 1998, p. 245 et s.

[9] S. DUROX, « Conséquences sur les marchés obligataires et les instruments de taux », *RD bancaire et bourse*, n° 66, mars-avril 1998, p. 501.

Chapitre 2

Émissions avec appel public en France

Au cours de l'année 1996, la Cob a engagé une consultation de place en vue de moderniser la notion d'APE et de répondre aux émetteurs français et étrangers, qui la sollicitaient fréquemment sur ce point. Le régime antérieur faisait, en effet, l'objet de critiques importantes quant au défaut d'harmonie entre les textes de la Cob et la loi de 1966 (qui régissait en grande partie les obligations et définissait la notion d'APE en son article 72) et quant au risque d'arbitraire que présentait cette situation. Il s'agissait pour la Cob de mieux protéger l'investisseur, qu'il intervienne sur un marché réglementé ou en dehors. Ses conclusions, publiées dans son rapport annuel de 1997, inspirèrent la loi n° 98-546 du 2 juillet 1998 portant diverses dispositions d'ordre économique et financier. Cette loi a intégré un nouvel article 6 dans l'ordonnance n° 67-833 du 28 septembre 1967 (l'ordonnance de 1967) et a consacré la nouvelle définition de l'APE. Le décret n° 98-880 du 1er octobre 1998, portant application des dispositions de l'article 6 de l'ordonnance de 1967, précise quant à lui la qualité d'Investisseur qualifié (IQ) et de Cercle restreint d'investisseurs (CR), innovations du texte.

Le nouveau dispositif est complété par les cinq règlements Cob suivants :

- 98-01 (modifié par le règlement 2001-05, cf. chap. 3, I), relatif à l'information à diffuser lors de l'admission aux négociations sur un marché réglementé d'instruments financiers, et lors de l'émission d'instruments financiers dont l'admission aux négociations sur un marché réglementé est demandée;

- 98-07, relatif à l'obligation d'information du public;
- 98-08, relatif à l'offre au public d'instruments financiers;
- 98-09, relatif aux opérations effectuées par dérogation aux règles de l'APE, et
- 98-10, relatif à la perte du statut d'émetteur faisant APE.

Ces règlements abrogent corrélativement les règlements Cob 87-01, 88-03, 88-04, 88-05, 90-01, 90-02, 91-02 et 92-02.

Sous l'ancien régime de la loi de 1966, article 72, étaient « *réputées faire publiquement appel à l'épargne* », les sociétés dont les titres étaient:

- admis aux négociations sur un marché réglementé;
- placés par des Prestataires de services d'investissement (PSI);
- ou placés par des procédés de publicité ou de démarchage.

La conséquence de cet APE était d'avoir à rédiger un prospectus pour effectuer le placement ou l'admission des titres sur un marché réglementé.

Cependant, la Cob ne retenait ces critères que comme une présomption légale d'APE. Il était donc possible, pour une société, de démontrer qu'il n'y avait pas d'APE dans certains cas. La Cob avait alors décliné sa réglementation se reposant essentiellement sur:

- le règlement 91-02, qui exigeait l'établissement d'un prospectus quand une société demandait son admission sur un marché réglementé ou émettait de nouveaux titres;
- le règlement 92-02, qui indiquait que l'APE consistait en la diffusion de valeurs mobilières à plus de trois cents personnes.

Mais la réglementation en vigueur avait certaines limites.

Ainsi, lorsque le seuil défini arbitrairement à trois cents n'était pas atteint, on se trouvait (*a contrario* seulement) dans le cadre d'un placement privé de valeurs mobilières. Il fallait aussi que l'émetteur n'ait pas eu recours à des intermédiaires financiers, ni à la publicité, ni au démarchage pour réaliser l'émission. Le recours à des intermédiaires financiers pour le placement de titres, même auprès de moins de trois cents personnes, déterminait en effet, sauf exception[10], l'application du régime de l'APE.

En définitive, la Cob prévoyait des conditions quantitatives et qualitatives pour relever du domaine du placement privé. La loi énonçait, elle, les procédés selon lesquels une société faisait APE. Il convenait d'harmoniser les textes.

Le nouveau régime de l'APE est défini maintenant par l'article L. 411-1 du Code monétaire et financier (qui reprend l'article 6, § 1, de l'ordonnance de 1967).

« *L'appel public à l'épargne* [n'est plus présumé, mais] *est constitué par l'une des opérations suivantes* [critères limitatifs et alternatifs] :

1. *L'admission d'un instrument financier aux négociations sur un marché réglementé* [critère dit de la cotation].
2. *L'émission ou la cession d'instruments financiers dans le public en ayant recours soit à la publicité, soit au démarchage, soit à des établissements de crédit ou à des PSI.* »

Le champ d'application de l'APE a donc été étendu :

- on parle désormais d'émetteur faisant APE et non plus de société, ce qui inclut outre les sociétés, les GIE, les personnes morales de droit public et les associations ;
- on ne parle plus de titres ni de valeurs mobilières, mais d'instruments financiers ;
- on parle désormais d'émission et de cession d'instruments

[10] *Rapport annuel Cob*, 1985, p. 92 et s.

financiers, conformément à la DSI, ce qui couvre la revente des titres par les actionnaires.

Il peut donc désormais y avoir APE avec un seul souscripteur, l'APE résultant d'une démarche volontaire. Nous développerons par conséquent les critères de l'APE (I), du placement privé (II) et du statut d'émetteur faisant APE (III).

I. Critères de l'APE : quelques précisions

Quatre critères – limitatifs et alternatifs – sont constitutifs de l'APE.

A – La cotation

L'admission en Bourse est l'inscription d'une valeur sur la liste des titres, négociés sur un marché réglementé. Il s'agit en France du Premier marché (règlement mensuel et comptant) ou du Second marché. L'admission révèle l'APE.

La cotation est, elle, la fixation quotidienne des cours des titres par confrontation des offres et des demandes exprimées pendant la séance, selon les règles du marché réglementé.

B – Le recours à la publicité

La forme de publicité concernée est le recours à la diffusion, soit dans la presse écrite, soit sur des supports différents, de messages à caractère promotionnel destinés à présenter la situation d'entreprises françaises ou étrangères, leur activité ou leurs perspectives de développement, dans le but de placer des titres quels qu'ils soient. Cette publicité a la caractéristique d'atteindre un nombre indéfini de personnes. Une telle diffusion dans le public est constitutive d'un APE et doit, à ce titre, respecter les prescriptions établies par la Cob. Dans la négative, la Cob, de même que le ministère public, peuvent sanctionner sévèrement le contrevenant (art. L. 621-15, Cmfi) [11].

Cette publicité se distingue de la publicité légale ou institutionnelle, qui se limite à la présentation d'une société et de ses activités – constitution, publicité périodique sur l'activité, le résultat, les perspectives – et qui n'entraîne pas l'application du régime de l'APE.

C – Le recours au démarchage financier

C'est le prolongement de l'activité commerciale en dehors des lieux normalement destinés au commerce. Le démarchage désigne le procédé traditionnellement utilisé par les « commerciaux » pour atteindre leurs clients sur leurs lieux de vie – habitation, travail – et tenter de les persuader de souscrire à leurs offres. Dans le secteur financier, l'évolution de la pratique a entraîné une législation au coup par coup, réglant ponctuellement les difficultés. De nombreuses dispositions, propres ou non au domaine financier, étaient applicables en la matière, en fonction du produit financier concerné, de sorte qu'il existait pratiquement autant de dispositifs juridiques que de produits financiers à placer. Pour les obligations, c'était la loi n° 72-6 du 3 janvier 1972, relative au démarchage financier et à des opérations de placement et d'assurance, qui trouvait à s'appliquer. Modifiées plusieurs fois, la quasi-totalité des dispositions contenues dans ces différents textes ont été abrogées. Elles sont aujourd'hui remplacées et imparfaitement codifiées dans le Code monétaire et financier (ordonnance n° 2000-1223 du 14 décembre 2000 ; *JO*, 16 décembre 2000 pour la seule partie législative). Le titre IV, *Le démarchage et le colportage*, du livre III, *Les services*, du Code monétaire et financier, a vocation à encadrer toute activité de démarchage dans le domaine financier. Les articles L. 341-1 à L. 343-6 s'appliquent aux opérations de banque, valeurs mobilières et opérations sur le marché à terme.

[11] Sur la légalité du cumul des sanctions administratives, pénales et disciplinaires, voir décision du Conseil constitutionnel, 89-260, 28 juil. 1989, et Crim. 1er mars 2000, *bull.*, n° 98, p. 290.

Pour ce qui concerne les obligations, le démarchage consiste à se rendre « *habituellement soit au domicile ou à la résidence des personnes, soit sur leurs lieux de travail, soit dans des lieux ouverts au public, en vue de conseiller la souscription, l'achat, l'échange ou la vente de valeurs mobilières ou une participation à des opérations sur ces valeurs* » (L. 342-2, al. 2, Cmfi). S'ajoutent « *les offres de services faites ou les conseils donnés, de façon habituelle, en vue des mêmes fins, au domicile ou à la résidence des personnes, ou sur les lieux de travail, par l'envoi de lettres ou circulaires ou par communications téléphoniques* » (L. 342-2, al. 3, Cmfi). La formule pourrait être plus large, comme c'est le cas pour les opérations sur le marché à terme puisqu'elle couvre pour eux « *l'envoi de tout document d'information ou de publicité, ou tout moyen de communication* » (L. 343-1, al. 3, Cmfi). L'élément retenu est principalement celui du placement des titres. Ce sont donc plus les intermédiaires financiers que l'émetteur lui-même qui sont concernés.

Les employés des établissements de crédit, des PSI et des entreprises d'assurances (L. 342-3, Cmfi) doivent être porteurs d'une carte de démarcheur (L. 342-7, Cmfi) pour exercer cette activité. L'intermédiaire financier doit au surplus déposer une déclaration au parquet du procureur de la République, indiquant l'état civil des personnes qu'il compte faire titulaire de sa carte (L. 342-8, al. 1, Cmfi).

L'émetteur, quant à lui, doit élaborer, avant toute diffusion des titres dans le public, une « fiche descriptive » visée par la Cob (L. 342-6, Cmfi). Le non-respect de la réglementation constitue une infraction pénale, l'escroquerie (L. 353-4, Cmfi).

D – Le recours à des intermédiaires financiers

La technique financière est imposée : les sociétés qui contractent un emprunt obligataire doivent s'assurer le concours d'un établissement de crédit ou d'un PSI pour le placement des obligations dans le public, si elles font APE. Il n'y a pas APE sans eux, car eux seuls sont agréés pour le placement des titres auprès du public. Le législateur a retenu ici un critère positif : le recours à des intermédiaires financiers.

II. L'exception au régime de l'APE : le placement privé

Pratiqué en France de longue date et à grande échelle, le placement privé n'avait pourtant jamais fait l'objet d'une définition légale. Il s'agissait jusqu'alors d'une pratique répondant essentiellement aux usages de place et aux orientations fixées par la Cob dans son rapport annuel de 1985. De ce fait, la réforme a validé et entériné une pratique préexistante. Elle a aussi le mérite de substituer une approche qualitative (prise en compte du statut de l'investisseur) à une approche quantitative (seuil de diffusion au-delà de trois cents personnes).

Les anciennes présomptions de l'APE et le critère quantitatif proposé par la Cob permettaient l'analyse et l'appréciation d'un placement, indiquant son caractère privé *a contrario*. Cette conception, essentiellement négative du placement privé, était la cause d'une grave incertitude juridique fondée sur le risque de requalification. Le nouveau dispositif ne propose pas de définition positive, mais appréhende le placement privé comme une dérogation à l'APE, identifiée par des critères autonomes énoncés à l'article L. 411-2, al. 1 du Code monétaire et financier.

> *« Ne constitue pas une opération par appel public à l'épargne l'émission ou la cession d'instruments financiers auprès d'investisseurs qualifiés, ou dans un cercle restreint d'investisseurs, sous réserve que ces investisseurs agissent pour compte propre. »*

Cette exception est d'une importance capitale pour les praticiens.

Abordons le terrain délicat de ce placement privé. Nous analyserons d'abord la notion d'investisseurs qualifiés (A) et celle de cercle restreint d'investisseurs (B), ce qui nous amènera à formuler quelques remarques sur ce nouveau régime (C).

A – Les Investisseurs qualifiés (IQ) – L. 411-2, al. 2, Cmfi (ex-art. 6, § 2, al. 1 de l'ordonnance de 1967)

Ce sont des personnes morales, disposant des compétences et des moyens nécessaires pour appréhender les risques inhérents aux opérations sur instruments financiers. Ces personnes, compte tenu de leur compétence professionnelle, n'ont pas besoin de la protection mise en place pour les autres catégories d'investisseurs, notamment du prospectus d'émission.

D'abord « *les organismes de placement collectif en valeurs mobilières sont réputés agir en qualité d'investisseurs qualifiés* ». Ensuite, il existe trois catégories d'IQ, détaillées dans le tableau n° 1, conformément à l'article 1er du décret n° 98-880.

Tableau n° 1 : Trois catégories d'investisseurs qualifiés

Personnes ayant toujours la qualité d'IQ dès lors qu'elles agissent pour compte propre (art. 1er – I) :

- les établissements de crédit visés par l'article L. 511-9, Cmfi : banques, banques mutualistes ou coopératives, caisses de crédit municipal, sociétés financières et institutions financières spécialisées ;
- les compagnies financières au sens de l'article L. 517-1, Cmfi ;
- les institutions et services mentionnés à l'article L. 518-1, Cmfi : le Trésor public, la Banque de France, les services financiers de La Poste, l'Institut d'émission des départements d'outre-mer, l'Institut d'émission d'outre-mer et la CDC ;
- les entreprises d'investissement visées à l'article 7 de la loi Maf, les sociétés d'investissement régies par l'ordonnance du 2 novembre 1945, relative aux sociétés d'investissement ;
- les sociétés d'assurance et de capitalisation et les sociétés de réassurance régies par le Code des assurances ;
- les institutions de prévoyance régies par le Code de la Sécurité sociale ;
- la Caisse d'amortissement de la dette sociale instituée par l'ordonnance du 24 janvier 1996, relative au remboursement de la dette sociale (art. 1).

IQ sur option (art 1er – II) :
exercée par les organes sociaux de l'entreprise et publiée au *Balo.*

- les sociétés de capital-risque ;
- les sociétés financières d'innovation ;
- les sociétés commerciales régies par la loi de 1966 dont le total du bilan consolidé, ou à défaut le total du bilan social, du dernier exercice, tel que publié et certifié par les commissaires aux comptes, est supérieur à 150 millions d'euros ;
- les établissements publics nationaux à caractère industriel et commercial dont les titres sont négociés sur un marché réglementé d'un État, partie à l'accord sur l'EEE ;
- les organismes mutualistes régis par le Code de la mutualité gérant une caisse autonome agréée, en vertu de l'article L. 321-2, dudit code ;
- les sociétés dont le capital social ou les droits de vote sont détenus, directement ou indirectement, ensemble ou séparément, à au moins 99 % par une ou plusieurs personnes appartenant à l'une des catégories d'IQ ci-dessus, exposées de l'article 1er- I.

Personnes ayant la qualité d'IQ bien que n'agissant pas pour compte propre (art 1er – III) :

car elles agissent pour le compte d'une société de gestion d'Opcvm ou d'une personne ayant la qualité d'IQ, au sens des paragraphes I et II de l'article 1er.

- les IQ au sens de l'article 1er- I ;
- les sociétés de gestion de l'article 214-15, Cmfi relatif aux Opcvm et portant création des fonds communs de créances ;

Le décret prévoit une dérogation à la lettre de la loi puisque ces personnes agissent pour le compte d'autrui, mais reste conforme à l'esprit du texte dans la mesure où autrui a la qualité d'IQ.

B – Le Cercle restreint d'investisseurs (CR) – L. 411-2, al. 3 Cmfi (ex-art. 6, § 2, al. 2 de l'ordonnance de 1967)

« *Un cercle restreint d'investisseurs est composé de personnes, autres que des investisseurs qualifiés, liées aux dirigeants de l'émetteur par des relations personnelles, à caractère professionnel ou familial.* »

Il est formé de personnes, « *autres que les investisseurs qualifiés* », proches des dirigeants et qui ont d'autres moyens de se renseigner: ces personnes ont un accès à l'information assez naturel, à travers leurs relations personnelles, professionnelles et/ou familiales.

Pour ce qui est des dirigeants, rappelons que la Cob interprète strictement la notion de dirigeant et la limite aux seules personnes exerçant une fonction de gérant, ou une fonction au sein du conseil d'administration ou du directoire (*Bull. Cob,* n° 326, juil.-août 1998, p. 9).

Pour ce qui est de la famille, la loi reste vague et ne la définit pas, laissant à la pratique et à la jurisprudence le soin de préciser. Il semble qu'il s'agisse autant de la famille en tant que telle que d'un nombre limité de personnes proches de l'émetteur (les amis de la famille).

« *Sont réputés constituer de tels cercles ceux composés d'un nombre de personnes inférieur à un seuil fixé par décret* [à 100] ».

Quelle est la portée des deux critères retenus?

1) Critère quantitatif: le nombre 100

a) **Compétence réglementaire**

Les sénateurs souhaitaient fixer dans la loi le nombre de personnes en deçà duquel un placement pouvait être considéré comme privé. Le gouvernement, comme l'Assemblée nationale, a estimé que l'adaptation de la réglementation financière aux évolutions rapides de ce secteur constituait un impératif auquel seule une mesure d'ordre réglementaire pouvait répondre. Le seuil est fixé à 100 personnes par l'article 2 du décret n° 98-880.

b) **Appréciation quantitative stricte du seuil**

Il résulte qu'un cercle de 99 personnes (autres que des IQ), est un CR d'investisseurs, tandis qu'un cercle de 100 personnes n'en est pas un. Il semble qu'à l'origine, la Cob avait en tête les familles bordelaises productrices de vin, qui souhaitaient proposer à leurs pairs une participation à une opération financière locale. Les relations personnelles étaient alors sous-entendues.

c) **Souscription ou sollicitation**

Le seuil pourrait être calculé sur la base des personnes ayant souscrit des instruments financiers à la suite d'une émission, ou en ayant acquis à la suite d'une cession. C'est finalement au regard du nombre de personnes sollicitées qu'est caractérisé l'APE.

2) Critère qualitatif: les relations personnelles

a) **Quand y a-t-il un lien professionnel? Où commence et où s'arrête la famille?**

Le recours à la Cob semble ici indispensable. Se perdent là certains avantages de la définition légale de l'APE.

b) **Qui sont ces investisseurs: personnes morales ou personnes physiques?**

Les personnes physiques sont bien sûr visées au premier chef. Serait-il possible qu'une personne morale entretienne une relation personnelle à caractère professionnel avec un dirigeant de l'émetteur? L'Assemblée nationale avait en tout cas adopté en première lecture un texte en ce sens, définissant le CR d'investisseurs comme étant les « *personnes morales ou physiques, dont le nombre est inférieur à 100* [...] »[12].

[12] *JOAN*, 1er avr. 1998, p. 2352.

c) **Faut-il apporter la preuve de l'existence des relations personnelles entre les investisseurs et au moins un des dirigeants de l'émetteur ?**

La réponse ne peut être que positive, *a fortiori* pour un cercle d'investisseurs supérieurs à 100 personnes.

3) Critères du cercle restreint, alternatifs ou cumulatifs ? Présomption simple ou irréfragable d'APE ?

Le cumul des critères aboutirait à ne retenir le cas d'exception que pour un cercle de 99 personnes au plus, attestant chacune de l'existence de relations personnelles avec l'émetteur, ce qui serait le cas de figure le plus restrictif. Dans le cas où les critères sont alternatifs, le nombre 99 constitue définitivement une porte de sortie pour les émetteurs, plus qu'une restriction. La difficulté semble résulter plus d'une erreur de typographie que d'un choix réfléchi.

Reste le débat, bien plus à propos, sur la nature de la présomption : est-elle une présomption simple ou irréfragable de placement privé sous le seuil de 100 personnes ?

En l'état actuel de sa réglementation, la Cob dit que la présomption est simple (*rapport annuel* 1998, p. 73 ; *bull. Cob* n° 333, mars 1999, p. 35 et s.), sans doute parce que le faible nombre d'individus concernés ne peut légitimer une absence de protection. Cette position est surprenante dans la mesure où la Cob s'exprime en sens inverse dans son règlement n° 98-09, puisqu'elle impose à l'émetteur, ou à l'intermédiaire qui réalise l'opération, d'informer les investisseurs « *qu'ils doivent, s'agissant d'une opération effectuée par dérogation aux règles de l'APE visant un CR comprenant plus de 100 investisseurs, attester qu'ils sont liés par des relations personnelles, à caractère professionnel ou familial avec l'un des dirigeants de l'émetteur à l'initiative de cette opération* ». On peut penser *a contrario* que l'émetteur ou l'intermédiaire n'a donc pas, dans le cas d'un cercle de moins de 100 investisseurs, à recueillir l'attestation de l'existence de relations personnelles entre l'investisseur et lui. La sécurité juridique imposerait là que la présomption soit irréfragable.

En pratique, on pourra dire que l'émetteur aura intérêt à se constituer la preuve de relations personnelles avec les investisseurs du CR, pour leur interdire de contester la régularité de l'opération, en se prévalant de l'absence desdites relations, donc de l'application des règles protectrices de l'APE, et d'obtenir ainsi un éventuel remboursement de leurs investissements.

La présomption est simple et le seuil de 100 personnes détermine la charge de la preuve des relations personnelles.

C – Réflexions sur le nouveau régime du placement privé

1) Les deux exceptions peuvent être combinées

Une même émission peut être placée à la fois auprès d'IQ et d'un CR d'investisseurs, ce qui permet d'élargir les opérations de placement privé.

2) L'application de l'un ou l'autre cas d'exception n'est pas, dans le système actuel, incompatible avec les critères de l'APE

a) **Le critère de la cotation**

Depuis la réforme de l'été 1998, qui prévoit la cotation comme critère de l'APE, la Cob, pour assurer la pérennité des émissions internationales pratiquées depuis trente années, a distingué le « vrai » APE du « faux ». L'article 37 de son règlement n° 98-01 prévoit, en effet, la possibilité pour l'émetteur de demander « *l'admission aux négociations sur le premier marché de titres de créance émis et placés sans APE en France* » (cf. chap. 3, I, D). C'est une invraisemblable antinomie dans l'application du nouveau régime, mais elle préserve la pratique antérieure. Le marché gagne une définition du placement sans y perdre l'avantage de ce type de cotation pour la place de Paris.

b) **Le recours à la publicité**

La publicité légale étant exclue du champ d'application du critère, c'est la publicité en vue du placement de titres qui déclenche l'application du régime, même si elle ne contient qu'une mention ou allusion à une éventuelle et prochaine opération de placement. La difficulté s'accentue lorsqu'une publicité, qui n'est pas réalisée en vue du placement de titres, est mise en œuvre « *à proximité immédiate d'une opération de placement dont la société a pris la décision* » [13]. La première peut effectivement jouer son rôle au bénéfice de la deuxième, en fraude aux dispositions protectrices des investisseurs.

Une autre difficulté se pose lors d'une publicité faite à un nombre restreint de personnes, par l'envoi de lettres individuelles nominatives. Si le nombre de personnes ainsi contactées est inférieur à 100, le recours à cette technique d'intermédiation n'a sans doute pas de conséquences. Si le nombre dépasse 100, la preuve de relations personnelles, à caractère professionnel et/ou familial, permet sans doute encore de recourir à cette technique sans risquer l'application du régime. Il est possible dans cette hypothèse qu'une société fasse ainsi la publicité d'une opération de placement auprès de la masse de ses clients, largement supérieure à 100, sans faire APE.

c) **Le recours au démarchage**

Il existe une contradiction évidente entre ce critère de l'APE et le placement privé. Or, rien n'exclut le CR du champ d'application de la réglementation, du démarchage. Pourtant, nul doute qu'il n'y a pas de démarchage – au sens de la réglementation actuellement en vigueur – auprès des membres d'un CR ni auprès des IQ.

d) **Le recours à un intermédiaire financier**

Comme sous le régime antérieur, c'est l'activité de placement des titres, auprès du public, qui détermine l'APE. Or, si

---

[13] *Bull. Cob*, n° 249, juil.-août 1991, p. 5.

l'émetteur obtient d'une banque qu'elle souscrive pour son compte propre, il n'y a pas APE, mais placement privé auprès d'une banque en tant qu'IQ. Le degré de diffusion des titres apparaît comme le critère déterminant de l'APE. La preuve du placement privé l'emporte donc sur le recours à l'intermédiaire financier.

3) Cette situation combinatoire est appelée à évoluer

a) La définition de l'APE est aujourd'hui exclusivement légale

La Cob n'a plus « la compétence de sa compétence ». Il y a donc amélioration de la sécurité juridique. Cependant, la Cob garde des marges de manœuvre. Elle conserve, en effet, une compétence résiduelle en matière de placement privé. Les praticiens s'interrogent d'ailleurs sur l'évolution possible de sa politique, vers un contrôle renforcé du caractère de placement privé de certaines opérations.

b) Durée de conservation des titres par les investisseurs qualifiés et/ou les membres d'un cercle restreint?

Le texte de loi ne prévoit aucune période d'incessibilité des titres, comme les réglementations étrangères peuvent le prévoir. Pour sa part, la Cob avait suggéré (*bull. Cob,* n° 303, juin 1996) que les titres acquis dans le cadre du placement privé devaient être conservés pendant un délai minimal de deux ou trois ans… Son règlement n° 98-09, relatif au placement privé, dispose simplement que « *la diffusion directe ou indirecte, dans le public, des instruments financiers ainsi acquis, ne peut être réalisée que dans les conditions prévues aux articles 6 et 7 de l'ordonnance de 1967* ». L'investisseur désireux de céder un bloc de titres devrait donc le céder selon les règles de l'APE ou refaire un placement privé.

III. Le statut d'émetteur faisant APE

Nous étudierons successivement l'entrée et la sortie du statut d'émetteur faisant APE (A) puis le contenu du régime de l'APE et du placement privé (B).

A – Entréc et sortie

1) Entrée dans le statut

Est visée aujourd'hui le statut d'émetteur faisant APE et non plus l'opération elle-même. Les obligations d'information à la charge de l'émetteur s'appliquent donc aussi bien aux sociétés cotées qu'aux non cotées, à partir du moment où elles recourent, pour le placement de leurs titres, à des établissements spécialisés, que cette opération résulte d'une cession ou d'une émission.

Le régime d'entrée dans le nouveau système de l'APE présente là un vice : il est possible qu'un actionnaire recoure à la publicité, au démarchage ou à un intermédiaire financier pour céder ses titres et fasse ainsi entrer la société dans le régime. C'est l'hypothèse de l'APE dissident.

Les conséquences d'une telle opération sont les suivantes :

- l'actionnaire cédant ses titres doit se soumettre personnellement à l'ensemble des obligations afférentes à l'APE ;
- l'émetteur se voit conférer le statut d'émetteur faisant APE en dehors de toute opération initiée par lui, dont il ne pourra sortir que conformément aux prescriptions du règlement Cob n° 98-10.

L'émetteur peut néanmoins se prémunir aisément contre ce risque. Il peut insérer dans ses statuts une clause d'agrément et ainsi contrôler les cessions réalisées sur ses titres. L'intérêt de la clause d'agrément est ici renouvelé, d'autant que son efficacité a été renforcée par la loi du 2 juillet 1998 : l'article L. 228-23 Code de commerce (ex-art. 274, loi de 1966) sanctionne la violation de la clause par la nullité de la cession. Notons qu'ici ressort le critère déterminant de l'APE, à savoir le degré de diffusion des titres dans le public, quel que soit l'auteur de la diffusion.

2) Sortie du statut

Le règlement Cob n° 98-10 précise très clairement trois conditions cumulatives pour qu'une société soit considérée comme cessant de faire APE :

- absence de cotation ;
- moins de cent actionnaires ;
- aucune opération d'APE intervenue dans l'année précédente.

L'opposabilité aux tiers de la perte du statut est subordonnée à l'accomplissement de certaines formalités de publicité. Est prévue la publication au *Balo* d'un avis émanant de l'émetteur, indiquant qu'il perd le statut d'émetteur faisant APE, la perte du statut étant effective à compter de la date de publication de cet avis. Par ailleurs, l'émetteur, dans le délai d'un mois à compter de cette publication, doit informer nominativement ses actionnaires, ou publier un communiqué dans un quotidien d'informations financières de diffusion nationale. Cette autre obligation d'information paraît pouvoir faire l'objet d'une sanction disciplinaire de l'émetteur par la Cob.

B – Contenu du régime de l'APE et du placement privé

La Cob demeure, malgré la réforme, la seule autorité dont émanent les obligations d'information pesant sur l'émetteur. La loi renvoie donc systématiquement à ses règlements.

Le nouveau système distingue, en fonction du besoin de protection des destinataires de l'offre, « l'investisseur qualifié n'a pas le même besoin de protection que l'investisseur de droit commun ». Faire APE impose donc, selon la circonstance, le respect impératif d'obligations d'information. Le jeu de l'exception – le placement privé – entraîne également le respect d'obligations particulières.

1) Obligations ponctuelles d'information du public

Trois circonstances sont à envisager :

- l'émetteur souhaite placer les titres et les faire coter : s'applique le règlement Cob n° 98-01 ;
- il ne souhaite pas placer les titres, mais les faire coter : s'applique le règlement Cob n° 98-01 (art. 37) ;
- il souhaite simplement placer les titres et ne pas les faire coter : s'applique le règlement Cob n° 98-08.

Pour chacune de ces situations, décrites au chapitre 3, la Cob impose à l'émetteur une obligation d'information ponctuelle, relative à l'opération qui est menée, constituée par la production d'un prospectus. Selon la circonstance elle lui donne un visa d'émission, ou un visa d'admission (cf. chap. 3, I, E).

Comme les modalités de remboursement, énoncées dans le contrat d'émission, présentent pour le souscripteur un intérêt économique important, les émetteurs faisant APE doivent en renforcer la publicité. L'article L. 228-43 du Code de commerce et l'article 211 du décret de 1967 prévoient l'insertion au *Balo*, avant le début des opérations de souscription, d'une notice d'information qui reprend les éléments essentiels de l'émission, dont l'identification de l'émetteur, la composition de son endettement obligataire et les modalités de l'opération…

2) Obligations générales et permanentes d'information du public

a) Règlement Cob n° 98-07, relatif à l'obligation d'information du public

Il abroge le règlement n° 90-02 en reprenant et en étendant ses dispositions à l'ensemble des instruments financiers de l'article L. 211-1 du Code monétaire et financier (ex-art. 1er, loi Maf). Les personnes ayant le statut d'émetteur, « *faisant appel public à l'épargne ou dont les instruments financiers sont supports de contrat à terme ou d'instruments financiers admis aux négociations sur un marché réglementé* », sont soumises aux obligations suivantes :

- l'information fournie par l'émetteur au public doit être « *exacte, précise et sincère* » (R. art. 2), une information inexacte, imprécise ou trompeuse constituant une atteinte à la bonne information (R. art. 3) ;
- l'émetteur doit informer le public de tout fait important susceptible d'avoir une incidence significative sur le cours des instruments financiers, ou sur la situation des droits des porteurs de cet instrument, ou encore sur le cours du contrat à terme ou de l'instrument financier concerné (R. art. 4). C'est par exemple, la signature d'un contrat important, une prise de décision stratégique, une vérification fiscale, une modification de la répartition du capital ou des droits de vote…

b) Obligations d'informations périodiques comptables lors de la cotation :

- trimestrielles, pour son chiffre d'affaires (art. 297 D., n° 67-537 du 23 mars 1967) ;
- semestrielles, pour le tableau d'activité et de résultat, et pour le rapport d'activité attaché (art. 297-1 D., n° 67-537) ;
- annuelles, pour ses projets de comptes et ses comptes approuvés (art. 295 et 296 D., n° 67-537) ;

S'ajoutent aussi des obligations d'informations comptables dites intermédiaires (recommandation 99 R 01 du Conseil national de la comptabilité reprise par la recommandation n° 99-01 de la Cob) concernant les mêmes états de synthèse que ceux préparés à la clôture de l'exercice, mais à réaliser dès le premier semestre de l'année en cours. Cette information est soumise au contrôle de la Cob. L'inobservation de ces obligations fait au surplus l'objet de sanctions pénales.

La contrainte que représente ces obligations d'informations comptables est importante. Il ne fait pas de doute qu'elle pèse dans la décision de l'émetteur de faire coter son emprunt!

c) **Formalités d'informations supplémentaires**

Elles sont imposées à la société émettrice afin de garantir les intérêts des investisseurs et l'intégrité du marché à travers la bonne gestion de l'emprunt. Ce sont essentiellement des obligations de nomination des représentants et de publication des décisions au *Balo*, prévues par le décret de 1967. Par exemple:

• les représentants de la masse, mandataires de l'assemblée des obligataires, sont indispensables à son fonctionnement. S'ils ne sont pas désignés dans le contrat d'émission, cela doit se faire « dans le délai d'un an à compter de l'ouverture de la souscription et au plus tard un mois avant le premier amortissement prévu » (L. 228-51, C. com). Les décisions de l'assemblée des obligataires les désignant ou les remplaçant sont publiées dans un journal d'annonces légales et au *Balo* (art. 216 D., n° 67-537);

• la décision de la société faisant APE, de passer outre le refus d'approbation de l'assemblée des obligataires, doit être publiée dans un journal d'annonces légales et au *Balo* (art. 234 D., n° 67-537);

• le projet de fusion ou de scission est inséré, par chacune des sociétés participant à l'opération, dans un journal d'annonces légales et au *Balo* (art. 255 D., n° 67-537).

3) Informations dues par l'émetteur, dans le cadre des opérations effectuées par dérogation à l'APE, lors d'un placement privé

a) **Le règlement Cob, n° 98-09, relatif aux opérations effectuées par dérogation aux règles de l'APE**

Il prévoit que certaines informations doivent être fournies aux investisseurs participant à ces opérations. Conformément à l'article 2 du règlement, l'initiateur de l'opération doit informer les investisseurs que :

- l'opération ne donne pas lieu à l'établissement d'un document d'information visé par la Cob ;
- ces investisseurs ne peuvent participer à l'opération que s'ils agissent pour compte propre ou s'ils constituent un CR de moins de cent investisseurs autres que des IQ ;
- la diffusion directe ou indirecte dans le public des instruments financiers acquis ne peut être réalisée que dans les conditions prévues par les articles 6 et 7 de l'ordonnance de 1967, c'est-à-dire avec le visa de la Cob, si la diffusion est effectuée par APE ;
- ces investisseurs doivent, pour une opération visant un CR de cent investisseurs au moins, mais effectuée par dérogation aux règles de l'APE, attester, chacun pour leur compte, qu'ils sont liés par des relations personnelles, à caractère familial ou professionnel, avec l'un des dirigeants de l'émetteur à l'initiative de cette opération.

b) **Les moyens de cette information ne sont pas précisés par le règlement**

Ils sont en conséquence libres, mais l'initiateur de l'opération doit néanmoins être en mesure de prouver qu'il s'est acquitté de son devoir d'information. L'information écrite paraît la plus opportune.

Indiquons enfin, s'il était besoin, le caractère national de cette réglementation. Les investisseurs étrangers ne sont pas visés par les règles protégeant l'épargne française, en vertu du principe de territorialité de la loi. Ils sont éventuellement protégés par des dispositions locales.

Les PSI peuvent opérer en France des quatre coins de l'UE, comme le prévoit l'article L. 532-18 du Code monétaire et financier, et même d'ailleurs. L'article L. 532-17 du Code monétaire et financier assimile en effet les entreprises d'investissement, dont le siège social ou la direction effective est établi dans un autre État partie à l'accord sur l'EEE, aux entreprises d'investissement qui ont leur siège social ou leur direction effective dans l'un des États membres de la Communauté européenne, autre que la France (cet article vise l'Islande, la Norvège et le Liechtenstein). La Suisse, après un premier rejet par referendum d'entrée à l'EEE, a seulement approuvé une série d'accords bilatéraux avec l'UE. Un quelconque prestataire habilité dans un pays européen peut donc placer et faire coter des instruments financiers en France. Il doit alors se conformer aux dispositions applicables destinées à assurer le bon fonctionnement des marchés français, car les règlements Cob et CMF s'appliquent indistinctement à tous les émetteurs.

Pour les émetteurs hors OCDE, leur émission est toujours subordonnée à une autorisation du ministre de l'Économie, des Finances et de l'Industrie (cf. Tome 1, chap. 3, I., B., 1, d).

Chapitre 3

Du lancement au *closing* Ou comment émet-on des obligations en France et à l'international ?

Le processus d'une émission n'est pas laissé au hasard : il constitue en lui-même une garantie de l'intégrité du marché et de la protection des intérêts des investisseurs.

Lorsque l'émetteur a pris la décision de lancer un emprunt (et qu'une résolution de l'assemblée générale l'autorise à émettre), il s'écoule de quelques jours à plusieurs mois jusqu'au règlement des fonds. Ce délai va dépendre de la facilité qu'a l'émetteur à satisfaire aux conditions réglementaires de la procédure choisie.

Il existe comme nous l'avons vu deux principales sortes d'émissions, l'une domestique, l'autre internationale. La distinction se cristallise notamment sur la nationalité des souscripteurs. S'agit-il de résidents français ?

Dans l'affirmative, on parle d'émission domestique. Intervient ensuite la distinction entre émission avec ou sans APE, qui distingue encore l'émission avec ou sans cotation. Soit quatre façons distinctes de procéder à une émission domestique (I).

Dans la négative, on parle d'émission internationale. Elle vise des souscripteurs étrangers, mais elle peut aussi en pratique faire l'objet d'un placement auprès de souscripteurs français. Notons que les émissions internationales sont plutôt destinées à des IQ et non à des particuliers (il s'agirait alors plutôt d'une émission domestique émise au sein et conformément aux règles d'un autre pays étranger). Dans les émissions internationales, l'émetteur met souvent en place un programme d'émissions, sinon il émet en dehors de tout programme (émission *stand alone*). Soit deux façons disctinctes de procéder à une émission internationale (II).

I. Émission domestique

Pour chaque type d'émissions domestiques (A à D), nous présenterons quatre thèmes : la situation de l'émetteur, la documentation à produire, le calendrier et le coût de l'opération. Afin de mieux distinguer les différents cas d'émission : un schéma récapitulatif de la documentation à mettre en place (E) et un tableau comparatif des coûts (F).

A – Émission domestique avec APE et admission à la cote

1) Situation de l'émetteur

Dans cette hypothèse l'émetteur décide de se placer dans le champ de l'APE. Il doit se conformer aux prescriptions déjà exposées par la Cob en la matière. Le règlement Cob n° 98-01 prescrit la réalisation et la publication d'un prospectus qu'il soumet à son visa, préalablement au placement des titres dans le public. Comme il souhaite faire APE, la Cob lui délivre un visa d'émission, qui permet aussi l'admission des titres à la cote.

2) Documentation

La documentation à produire peut être réalisée de deux façons, conformément au règlement Cob n° 98-01 :

- elle peut se rattacher à un document de référence, préalablement enregistré par l'émetteur auprès de la Cob. Ce document est établi au choix de l'émetteur, chaque année, selon un schéma établi par la Cob. Cette dernière l'enregistre et l'émetteur le tient gratuitement à la disposition du public. Il peut prendre la forme du rapport annuel destiné aux actionnaires. La documentation qui complète le document de référence, lors de l'opération, est alors appelée « note d'opération ». Elle se réfère au document de référence pour la description de l'émetteur et décrit seulement les caractéristiques de l'émission. Cependant, si des événements particuliers sont intervenus, concernant l'émetteur depuis l'enregistrement du document de référence, la note d'opération devra les prendre en compte. La note d'opération jointe au document de référence forment ensemble la « note d'information », improprement appelée « prospectus » ;

- si l'émetteur ne dispose pas de document de référence, la documentation est établie directement sous forme de note d'information. La description de l'émetteur et les caractéristiques de l'émission y sont dûment détaillées.

Le règlement Cob n° 98-01 a été modifié par le règlement Cob 2001-05 (arrêté du 28 février 2002, *JO* du 25 février 2002) pour permettre une procédure d'actualisation et de contrôle *a posteriori* du document de référence.

Selon le schéma de « prospectus » imposé par la Cob (instruction de janvier 1992[14], remplacée par une instruction de décembre 2001, modifiée en janvier 2002), la note d'information pour l'APE avec cotation est composée de sept chapitres et se présente comme suit :

[14] Le Comité de normalisation obligataire reprend les rubriques définies au chapitre 2 de l'instruction de 1992, en proposant un contrat type d'émission en janvier 1994 (version 1.2).

Document de référence	Chapitre I – Renseignements concernant les responsables du prospectus et les responsables du contrôle des comptes
Note d'opération en l'absence d'événements particuliers affectant le contenu des autres chapitres	Chapitre II – Renseignements relatifs aux titres émis ou admis :

Document de référence → **Chapitre I** – Renseignements concernant les responsables du prospectus et les responsables du contrôle des comptes

Note d'opération en l'absence d'événements particuliers affectant le contenu des autres chapitres → **Chapitre II** – Renseignements relatifs aux titres émis ou admis :

- **fiche II. A** : elle est établie lorsque le titre émis ou admis est composé pour tout ou partie de valeurs mobilières représentatives de capital ;
- **fiche II. B** : elle est établie lorsque le titre émis ou admis est composé pour tout ou partie de valeurs mobilières représentatives de créances ;
- **fiche II. bis** : elle est établie lorsque le titre émis ou admis comporte un droit donnant accès à une autre valeur mobilière, ou un bon donnant accès à une autre valeur mobilière ; elle détaille la nature du droit ou du bon, et précise ses modalités d'exercice.

Lorsqu'il s'agit d'une valeur complexe ou composée, l'émetteur établit plusieurs fiches, en fonction des différents éléments qui composent le titre (par exemple, pour une émission d'obligations à bons de souscription d'actions, l'émetteur fournit les informations prévues à la fiche II. B + II. bis + II. A).

- **Chapitre III** – Renseignements de caractère général concernant l'émetteur et son capital.
- **Chapitre IV** – Renseignements concernant l'activité de l'émetteur.
- **Chapitre V** – Renseignements concernant le patrimoine, la situation financière et les résultats de l'émetteur.
- **Chapitre VI** – Renseignements concernant les organes d'administration, de direction et de surveillance.
- **Chapitre VII** – Renseignements concernant l'évolution récente et les perspectives d'avenir.

Cette documentation est toujours rédigée en langue française et le visa de la Cob est obligatoire, dès lors que les titres sont offerts au public en France.

3) Calendrier

Quatre périodes peuvent être distinguées :

a) **Formalités préparatoires au lancement accomplies par l'émetteur :**

- la préparation de la note d'information doit commencer dès que possible ;
- des contacts sont à établir avec la Cob et la banque ou avec le chef de file de l'opération, dans le cas de plusieurs banques syndiquées ;
- le projet de note d'information, en l'absence d'un document de référence, est déposé à la Cob quinze jours de Bourse, soit trois semaines complètes, avant la date envisagée pour l'obtention du visa, qui, en pratique, coïncide avec le lancement de l'émission. Lorsqu'il existe un document de référence, le délai est de deux jours pour le dépôt de la note d'opération.

Dans ce délai (de deux ou quinze jours) :

- la Cob fait ses observations ;
- le cas échéant, le projet est modifié ;
- dans le cas où il contiendrait des comptes, le projet définitif est soumis aux commissaires aux comptes pour accord et signature ;
- l'émetteur, ou plus souvent le chef de file, prépare la notice à publier au *Balo*.

Il apparaît avec évidence que le délai de deux jours, prévu pour le dépôt de la note d'opération, est irréaliste. Il est raisonnablement applicable lorsque le document de référence vient de sortir. Autrement, s'il existe des éléments nouveaux depuis l'enregistrement du document de référence, l'émetteur déposera sa note quinze jours de Bourse avant la date souhaitée.

---

b) **Formalités préparatoires au lancement accomplies par le chef de file :**

– le cas échéant, il forme un syndicat bancaire ;

- les caractéristiques définitives de l'émission sont « toppées » avec toutes les parties et sont fixées avec l'accord de la Cob ;

Cet instant est décisif. Les éléments pris en compte sont volatiles et vont être figés pour la détermination des caractéristiques alors qu'une multitude d'intervenants est en ligne (cinq en moyenne). C'est dans le même temps qu'est fixée la valeur nominale des titres par rapport à leur valeur d'émission, afin d'obtenir, *in fine*, un coupon fixe et un taux rond (c'est là le sens très pratique des émissions différentes du pair – cf. chap. 3, II, A.).

- l'émetteur signe le prospectus qu'il a établi avec le chef de file ;
- le chef de file envoie ensuite à la Cob, pour l'obtention du visa, les pages signées par l'émetteur et ses commissaires aux comptes (les personnes signataires engagent leur responsabilité) ;
- après avoir obtenu satisfaction sur tous les points relevés par elle, la Cob délivre son visa ;

En pratique, la Cob donne son accord verbal à l'émetteur, avant son visa, afin qu'il puisse adapter son calendrier, car ce dernier doit synchroniser le début du placement avec la publication de la notice au *Balo* qui contient le numéro de visa.

- le chef de file demande et obtient un code d'Euroclear France, appelé en pratique « Code Sicovam », en échange de l'indication à cet organisme des caractéristiques des titres et du numéro de visa ;
- enfin, il prépare un télex d'invitation à l'attention des membres du syndicat bancaire.

Ce télex invite les banques à participer au syndicat bancaire pour placer les titres. Il précise toutes les conditions de l'opération, dont la part de l'émission à placer par chaque banque. Il doit contenir le numéro de visa de la Cob et le code Sicovam qui garantissent aux membres la réalité de l'opération.

c) **Autres formalités accomplies entre le lancement et le règlement :**

- le télex d'invitation à participer à l'émission est envoyé aux banques par le chef de file ;
- il envoie le prospectus à l'imprimeur,
- il dépose la notice au *Balo* ;
- il remet un bon à tirer à l'imprimeur du prospectus, pour sa version définitive ;
- la notice est publiée au *Balo*, commence alors officiellement le placement des obligations ;

S'ouvre la période de souscription d'une durée maximale de trois semaines pendant laquelle les titres doivent être vendus au même prix. Le contrat de prise ferme prend effet au terme de ce délai.

- les prospectus sont livrés par l'imprimeur (en pratique au chef de file) ;
- dans le cas d'une émission avec APE, le chef de file remet le dossier à Euronext Paris SA, pour la cotation de l'emprunt ;
- il dépose aussi le dossier à Euroclear France, pour confirmer la demande d'admission de l'emprunt aux opérations de cet organisme ;
- il diffuse le prospectus aux membres du syndicat et aux autorités de marché ;

- il prépare et envoie à l'émetteur le projet de contrat de prise ferme, par lequel l'émetteur s'engage à émettre, et la (ou les) banque (s) membre (s) du syndicat à souscrire l'ensemble des titres émis;
- il prépare et envoie au syndicat bancaire, après l'accord de l'émetteur, le projet de contrat de prise ferme;
- les autres banques donnent pouvoir spécial au chef de file de signer le contrat de prise ferme pour leur compte, qui est signé quelques jours avant le réglement;
- l'émetteur envoie au chef de file ses coordonnées bancaires pour le règlement de l'émission.

d) **Règlement de l'emprunt:**

- les titres sont livrés par Euroclear France et crédités sur les comptes ouverts au nom de chaque banque concernée;
- intervient le règlement du produit net de l'emprunt à l'émetteur par le chef de file (les titres sont créés juridiquement lors de ce règlement);
- les titres sont admis au premier marché d'Euronext Paris SA, celle-ci émet un avis et les titres apparaissent à la cote (l'avis doit être publié deux jours ouvrés avant l'admission à la cote),
- le chef de file règle la redevance Cob;
- il envoie un exemplaire de l'original du contrat de prise ferme à l'émetteur et aux membres du syndicat.

4) Coûts

Six postes sont à prévoir: la redevance Cob, la cotation, le *Balo*, les coûts d'impression du prospectus, les frais de service financier et les commissions facturées par les banques. Il convient aussi de prendre en compte la TVA applicable à certains postes.

a) **Redevance Cob**

Elle correspond à la rémunération de la Cob, pour son service de contrôle et la délivrance de son visa. Elle est fixée à 0,05 ‰ du montant de l'émission, plafonnée à 5 000 euros. Elle n'est pas soumise à la TVA.

b) **Frais de cotation**

Facturés par Euronext Paris SA, entreprise de marché pour la cotation à Paris, il existe deux sortes de frais (en date de février 2002) :

- les frais d'admission à la cote, pour lesquels s'applique un forfait de 125 euros HT par tranche de 25 000 000 euros, plafonné à 2 500 euros. L'assiette est déterminée par le nombre de titres admis, multiplié par la valeur nominale du titre ;
- les frais de maintien à la cote, pour lesquels s'applique un forfait de 500 euros HT par année d'emprunt, sans plafond. Ils sont payés en une seule fois, lors du règlement de l'émission.

Dans le cas d'une émission assimilable à une émission déjà cotée, les tarifs seront réduits de 50 %.

Pour chaque emprunt, ces frais cumulés ne peuvent excéder un plafond fixé à 20 000 euros.

Si l'émission n'est pas libellée en euros, Euronext facture une commission forfaitaire de 2 500 euros pour les frais d'admission.

Depuis peu alignés sur les frais des émissions internationales, facturés jusqu'alors au forfait (800 euros HT pour l'admission et 480 euros HT pour l'abonnement annuel), ces frais de cotation sont désormais uniformisés sur les places de Paris, Amsterdam et Bruxelles.

c) **Frais de publication au *Balo***

Ils sont d'environ 1 700 euros.

d) **Impression du prospectus**

Ce coût est variable suivant le type de documentation et la qualité d'impression souhaitée par l'émetteur. S'il dispose d'un document de référence à jour, il publiera seulement une note d'opération moins chère qu'une note d'information. Ce coût est compris entre 1 500 et 20 000 euros. La valeur de 1 500 euros retenue dans l'exemple correspond à une impression de qualité moyenne (de type photocopie).

e) **Frais de service financier**

Facturés par l'agent payeur, pour assurer le paiement des coupons et le remboursement du principal, ils sont proportionnels au montant de l'émission et aux intérêts qu'elle produit, sans plafond.

A titre d'exemple, on peut indiquer une commission de 0,06 % HT calculée chaque année sur le montant des flux d'intérêts et une commission unique de 0,02 % HT calculée sur le montant des flux en capital, lors du remboursement.

f) **Commissions hors TVA**

Les taux des commissions de la place ont longtemps été appliqués. Ils variaient selon le secteur :

- pour le secteur économique privé, le taux de commission était fixé à 1,70 % du montant de l'émission, réparti en trois commissions particulières : 0,20 % de commission de direction, au bénéfice du chef de file et des cochefs de file, 0,70 % de commission de garantie – les banques s'engagent à garder les titres même non placés – et 0,80 % de commission de placement ;
- pour le secteur économique public, le taux global de la place était de 1,30 %, décomposé de la même façon : 0,10 % de commission de direction, 0,45 % de commission de garantie et 0,75 % de commission de placement.

Aujourd'hui, la concurrence entre les banques aboutit à une plus grande liberté des commissions dans une limite réduite toutefois, puisque le total des commissions ne peut excéder 2 % sans subir la censure de la Cob.

La Cob limite cette commission à 2 % afin de protéger l'épargne publique. Une commission supérieure signifierait que la banque souscrit auprès de l'émetteur un titre pour moins de 98 % de sa valeur, et qu'elle le revend à 100 %. La Cob entend prévenir le risque d'une entente entre les parties, pour émettre un titre avec une valeur faciale de 100 dont la valeur réelle est de 90, la banque et l'émetteur se partageant la différence, payée par le souscripteur.

g) **Fiscalité applicable**

Parmi ces postes, la cotation, les frais d'impression du prospectus et les frais financiers sont soumis à la TVA, au taux de 19,6 %. La redevance Cob et les commissions ne sont pas soumises à la TVA, les frais de publication au *Balo* non plus.

B – Émission domestique avec APE, sans admission à la cote

En pratique, ce cas est rare. Certes il est prévu par les textes (règlement Cob, n° 98-08) et l'absence de cotation représente une économie pour l'émetteur. Mais la cotation rend l'emprunt plus visible et améliore la notoriété de l'émetteur. Elle rend les titres plus facilement négociables et encadre leur négociation au sein d'un marché réglementé. Surtout, la cotation ne nécessite pas un surcroît de travail significatif, en rapport avec les efforts que représente l'émission avec APE. Pourtant, certains émetteurs décident d'économiser ce coût de façon à libérer la gestion secondaire des titres (marché secondaire de gré à gré). Ajoutons qu'en matière obligataire, le marché secondaire n'est pas toujours très animé et la valeur de cotation de certains titres peut fluctuer de façon importante d'une négociation à l'autre (cf. chap. 4, question 2).

Le champ d'application du règlement Cob 98-08 a été récemment étendu à l'offre au public de certains instruments financiers à terme, définis à l'article L. 211-1, II 1° du Code monétaire et financier, c'est-à-dire « *les contrats financiers à terme sur tous effets, valeurs mobilières, indices ou devises y compris les instruments équivalents donnant lieu à un règlement en espèces* » (arrêté du 9 février 2001 portant homologation du règlement Cob n° 2000-09).

1) Situation

L'émetteur entend faire APE, mais il ne souhaite pas faire coter ses titres. La Cob lui délivre un visa d'émission (mais sans admission, règlement Cob n° 98-08).

2) Documentation

La documentation à produire, pour une émission avec APE, sans admission à la cote, est déterminée par le règlement Cob n° 98-08 : il s'agit d'un prospectus « simplifié », soumis au visa préalable de la Cob (art. 3). « *Le prospectus « simplifié » contient les renseignements nécessaires aux investisseurs pour fonder leur jugement sur le patrimoine, la situation financière, les résultats, les perspectives de l'émetteur et les instruments financiers objets de l'offre. Ces renseignements sont définis par une instruction de la Cob* » (art. 7). Ce contenu peut être adapté, sous le contrôle de la Cob, à la situation de l'émetteur (art. 9).

Le prospectus « simplifié » ne l'est pas plus que l'autre (APE avec admission) ! Quelques détails diffèrent, mais les deux formes de prospectus représentent strictement la même contrainte. Le prospectus « simplifié » indique seulement l'absence de cotation.

Une publication au *Balo* est aussi nécessaire puisqu'il y a APE (loi 30 janvier 1907). Le prospectus doit faire l'objet d'une diffusion effective, par une publication dans un journal d'informations financières, ou être mis à disposition pour consultation au siège de l'initiateur de l'offre, et auprès des organismes chargés d'assurer le service financier des titres (art. 12).

3) Calendrier

Le calendrier est en tous points semblable à celui de l'APE avec admission à la cote, à l'exception du dépôt du dossier à Euronext Paris SA, pour la cotation qui n'a pas lieu.

4) Coûts

Sont à régler: la redevance Cob, les coûts d'impression du prospectus « simplifié », le *Balo* et les frais financiers. Sont exclus les frais de cotation.

C – Placement privé sans cotation

1) Situation

L'émetteur fait placer ses titres auprès d'investisseurs sans avoir besoin d'obtenir un quelconque visa, ni pour l'émission, ni pour l'admission à la cote qui n'est pas demandée. Ce processus d'émission est le plus simple et le plus rapide.

2) Documentation

L'émetteur, non soumis à la réglementation de l'APE, place ses titres auprès d'IQ ou d'un CR d'investisseurs sans avoir à leur fournir de documentation particulière (art. 1 R., Cob, n° 98-09), sauf quelques informations mises à sa charge par la Cob (art. 2 R., Cob, n° 98-09) (cf. chap. 2, III., B., 3).

3) Calendrier

Le contenu du calendrier est encore le même, mais les contraintes sont largement assouplies. Il est en réalité possible d'émettre les titres à tout moment car aucune autorisation préalable de la Cob n'est nécessaire. En pratique, un délai minimal de quelques jours est nécessaire, entre la date de lancement et le règlement.

4) Coûts

Dans ce cas de figure, seuls sont à prévoir les frais de service financier. Ces frais sont librement négociés et peuvent varier d'un intermédiaire à l'autre, selon les prestations à réaliser (les valeurs retenues, dans l'exemple ci-dessous, sont arbitrairement fixées à 1 000 euros/an pour le paiement des coupons et à 5 000 euros pour le paiement du principal). S'ajoute la commission globale prélevée par la banque. Toutefois, il s'agit bien ici davantage d'une marge, plus ou moins importante, dégagée de la différence entre les conditions acceptables par les investisseurs d'un côté, et l'émetteur de l'autre.

Cet état opaque de la pratique rend impossible de chiffrer à l'avance le coût d'un placement privé, tant il dépend de l'émetteur, des investisseurs et du marché. Il n'y a aucune grille selon la notation de l'émetteur, ou la durée de l'emprunt. Il ressort néanmoins que la commission des banques est largement inférieure à 2 %. Elle se situera arbitrairement dans notre exemple à 0,10 %.

D – Placement privé avec cotation

1) Situation

Cette fois l'émetteur place ses titres hors APE, mais entend les faire coter. Il requiert donc le visa d'admission de la Cob, prévu par l'article 37 du règlement Cob n° 98-01 : « *Les émetteurs qui demandent l'admission aux négociations sur le premier marché de titres de créances émis et placés sans APE en France, établissent un prospectus* » (cf. chap. 2, II., C., 2).

L'émetteur réalise une émission auprès d'IQ ou d'un CR d'investisseurs, résidents ou non, et souhaite « voir » son emprunt à la cote. Ce dernier cas de figure, de plus en plus courant sur le marché domestique, vient du modèle des émissions internationales.

2) Documentation

S'il veut coter à Paris, l'émetteur prépare la documentation prévue par le règlement Cob n° 98-01.

3) Calendrier

Le même calendrier que pour l'APE est applicable. Précisons que l'émetteur doit établir une documentation préalablement à la cotation. Aussi la Cob n'intervient d'aucune manière au moment du « toppage » des caractéristiques des titres, ni même lors du placement. Par contre, il est possible que son visa d'admission tarde à venir si elle formule des commentaires sur la documentation, ce qui entraîne exceptionnellement un décalage entre le règlement de l'opération et la cotation, normalement simultanés.

La négociabilité des titres s'en trouve handicapée, la cotation la facilite économiquement, mais elle n'en est pas la cause juridique.

4) Coûts

L'émetteur retrouve les six postes décrits lors de la réalisation du processus nécessaire à l'APE avec cotation. Indiquons que les frais de cotation sont depuis peu les mêmes que pour l'APE. Les frais financiers et la commission sont ceux d'un placement privé sans cotation, i.e. négociés entre la (les) banque (s) et l'émetteur.

E – Schéma récapitulatif

Deux périodes de préparation de la documentation sont à distinguer : avant et après le lancement.

Le prospectus est préparé avant le lancement (« toppage » ou *pricing*) lorsque l'émetteur souhaite placer les titres dans le public et les faire coter (émission avec APE, R. Cob, n° 98-01), ou lorsqu'il souhaite les placer dans le public sans pour autant demander l'admission à la cote (APE sans cotation, prospectus « simplifié », R. Cob, n° 98-08). La Cob lui délivre, dans les deux cas, un visa d'émission.

Le prospectus est préparé après le lancement (et avant l'émission ou règlement) lorsque l'émetteur ne fait pas d'APE, même s'il demande l'admission des titres à la cote (placement privé avec cotation, art. 37, R. Cob, n° 98-01). La Cob délivre alors un visa d'admission.

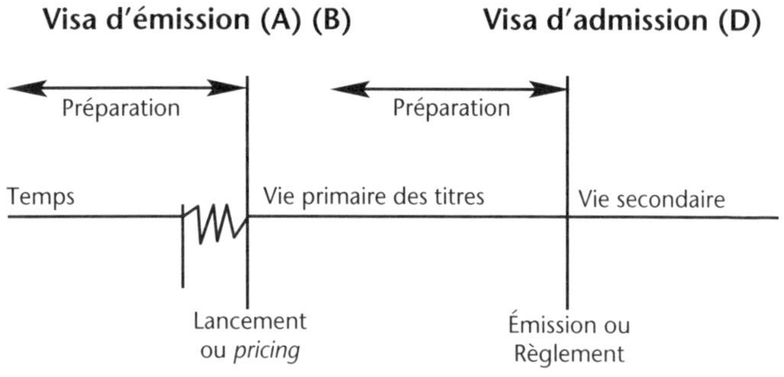

F – Exemple chiffré

Un émetteur du secteur privé, qui n'est pas doté d'un document de référence et qui ne souhaite pas une impression de grande qualité pour sa documentation, décide d'emprunter 20 millions d'euros en émettant 20 000 obligations de 1 000 euros, rémunérées au taux fixe de 4 % et remboursées dans dix ans. Le détail de sa facture, selon le type d'émission, sera le suivant :

1) APE avec cotation

I. Frais (en euros)	Flat	Annuels
• Redevance Cob (0,05 ‰ du montant de l'émission)	1 000	
• Cotation : - frais d'admission, une tranche de 25 000 000 - frais de maintien à la cote pour les dix ans de l'emprunt	 125 5 000	
• Frais de publication au *Balo*	1 700	
• Impression du prospectus	1 500	
• Frais financiers : - pour le paiement des coupons (0,06 % des intérêts à 4 %) - pour le paiement du principal (0,02 % du capital)	 4 000	 480
II. Commissions		
• Commission des banques (1,70 % pour l'exemple - secteur privé)	340 000	
Total HT	**353 325**	**480**
Total HT à l'échéance : 353 325 + (480 x 10) =	**358 125**	

2) APE sans cotation

I. Frais (en euros)	Flat	Annuels
• Redevance Cob	1 000	
• Impression du prospectus	1 500	
• Frais de publication au *Balo*	1 700	
• Frais financiers : – pour le paiement des coupons – pour le paiement du principal	4 000	480
II. Commissions		
Commission des banques (1,70 % pour l'exemple - secteur privé)	340 000	
Total HT	**348 200**	**480**
Total HT à l'échéance : **348 200 + (480 x 10) =**	**353 000**	

3) Placement privé sans cotation

I. Frais (en euros)	Flat	Annuels
• Frais financiers : ils sont négociés au cas par cas entre la banque et son client, et sont différents d'une banque à l'autre : – paiement des coupons – paiement du principal	5 000	1 000
II. Commission		
• Commission forfaitaire des banques, négociée entre la banque et son client (valeur retenue de 0,10 % du montant de l'émission)	20 000	
Total HT	**25 000**	**1 000**
Total HT à l'échéance : **25 000 + (1 000 x 10) =**	**35 000**	

4) Placement privé avec cotation

I. Frais (en euros)	**Flat**	**Annuels**
• Redevance Cob	1 000	
• Cotation : - frais d'admission, une tranche de 25 000 000 - frais de maintien à la cote pour les 10 ans de l'emprunt	 125 5 000	
• Frais de publication au *Balo*	1 700	
• Impression du prospectus	1 500	
• Frais financiers : ils sont négociés au cas par cas entre la banque et son client, et sont différents d'une banque à l'autre - paiement des coupons - paiement du principal	 5 000	 1 000
II. Commissions		
• Commission forfaitaire des banques, négociée entre la banque et son client (valeur retenue de 0,10 % du montant de l'émission)	20 000	
Total HT	**34 325**	**1 000**
Total HT à l'échéance : 34 325 + (1 000 x 10) =	**44 325**	

Notre exemple, avec les hypothèses retenues, met en évidence un rapport de 1 à 10 entre le coût du placement privé et l'APE. L'impact de la cotation sur le coût de l'émission est bien plus important pour le placement privé (+26 %), que pour l'émission avec APE (+2 %). C'est rappeler que le choix de la cotation dépend principalement de la situation de l'émetteur…

La modèle d'émission est l'APE avec cotation. Il est le plus cher. Les autres façons de procéder en découlent.

Par ailleurs, les frais financiers et les commissions sont incompressibles car le recours à un intermédiaire financier est indispensable (cf. chap. 2, I., D.). Quant à la redevance Cob, les frais de cotation et les frais d'impression, ils peuvent selon le cas simplement ne pas être engagés.

II. Émission internationale

D'une manière générale, l'émission internationale est l'antinomie de l'émission domestique avec APE. Elle n'est pas localisée sur un territoire national et ne concerne pas, en principe, les particuliers. C'est un large placement privé, auprès d'investisseurs de pays différents, qui doit donc respecter les règles du placement privé de chaque nationalité concernée. A cet égard, la documentation précise systématiquement les conditions de souscription et de vente (*subscription and sale*) dans chaque pays, en rappelant simplement les contraintes locales du placement privé.

Aucune autorité de marché spécifique, aucune norme écrite quant à la procédure d'une telle émission n'est disponible. Seules existent les recommandations de l'*IPMA*. Ce faisant, l'émission internationale est plus rapide et, *a priori*, plus simple que l'émission domestique qui, elle, intervient souvent dans un cadre réglementaire étroit. En revanche, les acteurs de l'émission internationale sont plus nombreux, et la pratique a développé de nombreuses stipulations contractuelles afin de leur aménager une grande sécurité juridique.

L'émission internationale peut être réalisée dans le cadre d'un programme d'*EMTN* (A) ou hors programme (émission *stand alone*) (B).

A – Émission dans le cadre d'un programme d'*EMTN*

1) Situation

L'émetteur est récurrent : sa fréquence d'intervention sur le marché est d'au moins dix émissions par an (placements privés et

APE), à moins que le prestige attaché à la réalisation d'un programme ne soit sa seule motivation… Cet état l'incite, par souci d'économie et de rapidité, à mettre en place un programme d'émissions qui comprend les dispositions essentielles ou invariantes de ses émissions futures. A chaque émission, le jeu de ces dispositions sera précisé, ou éventuellement aménagé, dans un document de quelques pages qui décrit les caractéristiques de l'émission en cours de réalisation : le *pricing supplement.* Cette logique est en quelque sorte la même qu'en matière domestique, avec le document de référence et la note d'opération, mais l'émetteur intervient au-delà de ses frontières nationales.

2) Acteurs et documentation

La documentation est donc constituée de deux ensembles, le programme lui-même, mis en place indépendamment des émissions à venir, et un document supplémentaire appelé *pricing supplement*, spécifique à chaque émission.

a) **Mise en place du programme**

• Les acteurs

La mise en place de la documentation cadre ou programme fait intervenir jusqu'à six acteurs, mais certains cumulent les rôles.

D'abord l'émetteur (1) et ses avocats choisissent un arrangeur (*arranger*) (2). Avec leur aide, c'est l'arrangeur et ses propres avocats qui mettent en place le programme. Le délai est de deux à trois mois, pendant lequel l'arrangeur prend en charge toute la documentation cadre. Si l'émetteur a nommé plusieurs arrangeurs (coarrangeurs), un seul prendra en pratique en charge la réalisation de la documentation.

L'émetteur sélectionne des banques, auxquelles il propose d'être les éventuels *dealers* (3) des émissions à venir au sein du programme. L'arrangeur est automatiquement l'un des *dealers* et se présente comme un intermédiaire privilégié entre l'émetteur et les autres *dealers.* Les *dealers* sont eux-mêmes les intermédiaires privilégiés entre l'émetteur et les investisseurs potentiels.

Il faut encore un agent payeur principal, ou *fiscal and principal paying agent* (4) : c'est souvent l'arrangeur ou l'une de ses filiales qui en assume la fonction. Cet agent payeur principal assure la circulation de tous les flux relatifs à une émission, ou à l'ensemble des émissions lancées dans le cadre d'un programme (flux d'intérêts et de capital reçus de l'émetteur / flux versés aux souscripteurs). Il assure la relation avec les centrales de *clearing* que sont Clearstream et Euroclear. Il « chapeaute » les agents payeurs qui sont d'autres banques, assure le paiement des intérêts et le remboursement du capital aux souscripteurs qui s'adressent à lui. Seule contrainte : il est obligatoire d'avoir un agent payeur dans le pays de cotation de l'emprunt. Le rôle de l'agent payeur principal est précisément défini dans un contrat de service financier (*fiscal and paying agency agreement ou aussi agency agreement*).

En pratique, l'agent financier nommé pour le programme propose souvent gratuitement ses services financiers (gestion des flux) à l'émetteur, sa rémunération étant assurée par Clearstream, ou Euroclear s'il agit aussi en qualité de *Common Depository*. Les deux principales centrales reversent une partie des frais de conservation au *Common Depository*. Cet arrangement incite l'émetteur à préférer la mécanique d'émission avec un *Common Depository* car l'agent payeur va pouvoir offrir, en échange de sa désignation comme *Common Depository*, le service financier gratuit. Cette gratuité n'est bien sûr qu'apparente.

Il faut enfin un *calculation agent* (5) – qui constate le taux et calcule les montants des coupons, lorsque le taux de l'emprunt est variable ou qu'il est indexé – et un agent de cotation ou *listing agent* (6) – sponsor local qui assure la liaison entre l'arrangeur et l'organisme de contrôle du marché. C'est ce *listing agent* qui présente le programme à cet organisme de contrôle (un émetteur étranger enregistre son programme en France par l'intermédiaire d'une banque française qui, en tant que *listing agent,* envoie l'*offering circular* du programme à la Cob, ainsi que les pages de responsabilité signées, en vue de l'obtention d'un numéro d'enregistrement).

Lorsque le programme est régi par le droit anglais, un nouvel acteur peut apparaître : le *trustee.* Il est nommé afin de surveiller, au nom des obligataires, la bonne exécution du contrat d'emprunt. Il a le pouvoir d'agir au nom des obligataires en cas de défaut ou de non-exécution du contrat par l'émetteur. La fonction de *trustee* est souvent réalisée par un cabinet juridique spécialisé moyennant rémunération. Indiquons ici que la création de mécanismes de protection, sur le marché international, résulte de la pratique contractuelle. Sur ce point, on constate une nette différence entre le marché international et le marché domestique. Comme nous l'avons vu, la législation française a instauré une institution spécialement conçue pour la protection des obligataires : la masse, mais qui ne s'applique pas pour les émissions internationales (art. L. 228-90 du C. com, ex-art. 339, loi de 1966). Il est toutefois possible de faire application des dispositions légales françaises en les reproduisant contractuellement.

• Un document d'offre et deux contrats principaux sont nécessaires pour mettre en place le programme

La mise en place du programme nécessite de réaliser une *offering circular* du programme, qui comprend essentiellement la description de l'émetteur, et les caractéristiques principales des émissions (*section terms and conditions*) qui seront réalisées dans ce cadre. Elle contient également le modèle du *pricing supplement,* qui sera utilisé pour les émissions réalisées sous programme et qui décrira les caractéristiques financières de celles-ci. *L'offering circular* du programme est visé par la Cob.

L'émetteur et les *dealers* signent un *program agreement* ou *dealership agreement,* qui prévoit en annexe le modèle de contrat de prise ferme ou subscription agreement. Le contrat de prise ferme décrit et organise les obligations respectives de l'émetteur et du syndicat dans le processus d'émission. Les membres du syndicat s'engagent conjointement, mais sans solidarité, à régler à l'émetteur le produit de l'émission à la date de clôture, déduction faite des commissions retenues. En contrepartie, l'émetteur devra leur remettre les titres. Une clause de prise ferme est prévue dans le contrat d'émission. En réalité, cette clause ressemble plus à une garantie de placement (et de bonne fin) [15] car les banques sondent le marché avant de s'engager. Les « déclarations et garanties » que prend l'émetteur, et dont la satisfaction rend exigible le règlement par le syndicat, sont essentielles. L'émetteur devra par exemple, à cette occasion, certifier l'exactitude des états financiers qu'il produit pour les besoins de la cotation des titres. Ces déclarations et garanties constituent le centre des négociations entre l'émetteur et le (les) chef (s) de file.

Enfin, un *program agency agreement*, qui contient le modèle de *calculation agreement*, est conclu entre l'émetteur et le *fiscal and principal paying agent*, ainsi que les autres agents payeurs. Ce contrat met en place et règle le mécanisme des flux financiers de l'emprunt. L'émetteur y désigne un mandataire, auquel est dévolue la fonction d'agent payeur principal.

Indiquons à la marge, qu'il existe en droit anglais un contrat dénommé *trust deed* pour définir le rôle du *trustee*.

Ces documents sont réalisés à partir de documentations contractuelles, établies par la pratique (*precedents*), dans le respect des recommandations de l'*IPMA*. Le programme d'émissions est le plus souvent régi par le droit anglais, bien que certains émetteurs français aient mis en place un tel programme en droit français. Nous verrons au travers du calendrier que la technique est différente selon le droit applicable. Une fois le programme établi, les choses vont très vite pour les émissions ultérieures. Une à deux semaines seulement s'écoulent entre le lancement de l'émission et le règlement, ou *closing*.

---

[15] J. Stoufflet et S. Durox, «Les émissions en euros-francs, essai d'une théorie juridique», *RD bancaire et bourse*, sept.-oct. 1994, p. 197, n° 38.

b) **Émission sous programme**

• Les acteurs

Ils sont globalement les mêmes que pour la mise en place du programme et interviennent au fur et à mesure de l'avancement du calendrier.

• Les documents nécessaires sont le *subscription agreement*, le *pricing supplement* et éventuellement le *calculation agreement*

La mise à jour annuelle du programme n'est pas obligatoire en France – elle l'est pour la plupart des autres places financières – mais le devient, d'un point de vue pratique pour que celui-ci soit efficace à tout moment. A défaut, le *pricing supplement* contiendra les mises à jour du programme, devenant plus volumineux et plus cher. Il s'agit en particulier d'y inclure chaque année les comptes publiés. D'ailleurs, lorsque l'émission est cotée à Paris, la Cob demande que toute information financière récente, qui n'apparaît pas dans le programme (les comptes semestriels par exemple), soit annexée au *pricing supplement*. Celui-ci contient surtout les caractéristiques des titres de l'émission. Les deux autres contrats précités sont, eux aussi, adaptés aux caractéristiques de l'émission.

3) Formalités et calendrier indicatif

a) **Choix et rôle des managers**

A tout moment l'émetteur peut contacter un *dealer* parmi les *dealers* permanents, désignés dès la mise en place du programme, ou une autre banque non signataire du programme d'origine, appelé pour l'occasion *dealer of a day* (après signature d'une *dealer accession letter*).

Le *dealer* qui propose les meilleures conditions est normalement retenu. Il sera appelé chef de file ou *lead manager* si l'émission est syndiquée, ou gardera le nom de *dealer* si l'émission n'est pas syndiquée.

En cas d'émission syndiquée, le *lead manager* organise un syndicat bancaire avec les autres *dealers* (ou *dealer of a day*), qui prendront dans ce cadre le nom de managers. Pour cela, il va préparer, d'après les stipulations du programme d'émissions de l'émetteur, un projet de télex d'invitation à l'attention des futurs managers pour les inviter à participer. Le *lead manager* est l'interlocuteur privilégié de l'émetteur, pour le compte des autres *dealers*. Les relations entre les managers sont réglées par un contrat type de l'*IPMA* (*Agreement among managers*) [16].

Le *lead manager* (émission syndiquée) ou le *dealer* (émission non syndiquée) opère quelques formalités préparatoires. Il vérifie avec l'émetteur que ses comptes et les *recent developments*, inclus dans l'*offering circular* du programme, sont à jour. Dans la négative, et pour une émission cotée en France, il vérifie que les comptes de l'émetteur ont été déposés auprès du service des affaires comptables de la Cob. Il établit un premier contact avec l'organisme de contrôle du marché, en France la Cob, afin notamment de vérifier l'absence de contre-indication à l'émission.

Le *lead manager* a trois fonctions essentielles dans la réalisation de l'émission, définies dans le *subscription agreement* ou encore l'*underwriting agreement*. Ce sont :

- la constitution et la direction d'un syndicat bancaire d'émission, auprès d'un groupe de banques qui s'engagent à prendre ferme l'émission ;
- la stabilisation (rôle de *stabilising agent*) du marché des titres, avant leur création sur le marché gris (sur lequel il intervient pour réguler l'offre avant l'émission) ;

[16] J. SOUFFLET et S. DUROX, «Les émissions en euros-francs, essai d'une théorie juridique», *RD bancaire et bourse*, sept.-oct. 1994, p. 198, n° 41.

- le secrétariat de l'émission, c'est-à-dire la responsabilité de l'organisation de l'émission (de la documentation à la bonne fin des opérations de règlement avec l'agent payeur).

Le *dealer* n'assure lui que la troisième fonction, à savoir le secrétariat de l'émission. Il peut y avoir, dans le cas d'émission syndiquée, plusieurs chefs de file, ou *joint lead managers*, qui se répartissent les rôles avant le lancement de l'émission : en général un seul prend en charge la documentation de l'émission. Ils pourront toutefois être plusieurs à tenir le *book* (assurer la centralisation des demandes).

La première émission, faite dans le cadre d'un programme (ou émission inaugurale), est en générale confiée à l'arrangeur, désigné lead manager, en remerciement de son travail et aussi en dédommagement des frais engagés lors de la mise en place.

Les *managers* participent à la bonne fin des opérations de règlement avec le *lead manager*. En tant que membres du syndicat, ils partagent la responsabilité de la garantie de l'émission, à hauteur de la participation (*allotment*) qui leur a été allouée par le *lead manager*. Ils garantissent ainsi (non solidairement) à l'émetteur la souscription du montant total de l'émission.

b) **Lancement de l'émission**

L'émetteur et le *lead manager* figent les conditions financières de l'émission. Le *lead manager* diffuse ensuite dans le marché une *bookrunner fiche*, annonce minimaliste de l'émission.

En cas de syndicat, un télex d'invitation est finalisé et envoyé à l'émetteur, ainsi qu'à ses avocats, pour obtenir leurs commentaires. Le même jour, le *lead manager* demande aux centrales de *clearing* les codes nécessaires à l'émission : 1) à Euroclear Bank et à Clearstream le code *ISIN* et leur *common code* (les deux plus importantes centrales fonctionnent en tandem) ; 2) à Euroclear France, pour une émission placée en France et déposée chez Euroclear France, le Code « Sicovam » et le cas échéant 3) un code local en cas de placement local spécifique (ex-Montetitoli en Italie, Clearstream AG en Allemagne).

c) **Formalités à accomplir entre le lancement et la signature**

Deux jours au plus après le lancement, le télex d'invitation, validé par l'émetteur et ses avocats, est envoyé par le *lead manager* au syndicat bancaire et aux autres personnes concernées : l'émetteur, ses avocats, Clearstream et Euroclear. Au contraire de la *bookrunner fiche*, le télex contient toutes les informations techniques relatives à l'émission, notamment tous les codes.

Une multitude d'autres documents sont préparés (dès que possible) par le *lead manager* et ses avocats :

- le calendrier de signature et de règlement de l'émission ou *signing and closing agenda*, adressé à l'émetteur et aux principaux intervenants ;
- un *subscription agreement* et un *pricing supplement.*

Les avocats communiquent les premiers projets de ces documents au *lead manager* et à l'émetteur deux ou trois jours après le lancement.

C'est à l'émetteur avec l'aide du *lead manager* de décider si l'emprunt sera coté et où. Ce choix dépend autant de la devise que de la zone de placement géographique de l'émission.

A l'étranger, il suffit d'envoyer au *listing agent,* qui s'occupe de la négociation à la bourse locale, une copie du télex, des documents d'offre (*offering circular/pricing supplement*), des autorisations d'émission et éventuellement une mise à jour des comptes et des statuts de l'émetteur.

A Paris, il faut envoyer à la Cob et à Euronext Paris SA les documents suivants :

- le projet de *pricing supplement.* L'envoi doit être effectué cinq jours ouvrés avant la signature pour les émissions simples et récurrentes. Commence alors une navette entre l'organisme de cotation et le chef de file, l'émetteur et les avocats, afin de finaliser le document ;
- des lettres d'engagement (*undertaking letter*) de l'émetteur et, le cas échéant, de son garant. Chaque émetteur ayant des titres cotés à la Bourse de Paris s'engage à publier dans un journal financier en France ou au *Balo* ses comptes annuels ou des extraits de ceux-ci dans les six mois qui suivent la fin de l'exercice ;
- le projet de notice à publier au *Balo* ;
- le cas échéant, une mise à jour des statuts.

S'ajoutent pour les « primo-émetteurs » deux exemplaires des comptes annuels afférents aux trois derniers exercices et deux exemplaires des statuts (traduits en français pour un émetteur étranger) et, le cas échéant :

- la liste des marchés financiers sur lesquels sont cotés les titres de l'émetteur et de son garant s'il y en a un ;
- la dernière notation obtenue pour les obligations émises ou garanties par l'émetteur sur un marché étranger ;
- une lettre dans laquelle l'émetteur indique ses obligations d'informations financières sur les autres places de cotation.

d) **Formalités à accomplir au plus tard deux jours ouvrés avant la date prévue de la signature :**

- envoi du dernier projet de *pricing supplement* et de *subscription agreement* par le *lead manager* aux banques du syndicat. Une fois approuvés par les banques (après avoir donné d'éventuels commentaires), elles envoient leurs pouvoirs de signature ;

- pour une cotation à Paris, l'émetteur et le *lead manager* signent la page de responsabilité du *pricing supplement* ;
- la Cob, pour la cotation à Paris (ou le cas échéant une autre bourse de cotation), donne son accord sur le contenu du *pricing supplement.*

e) **Formalités à accomplir au plus tard la veille de la signature :**

- confirmation des cotations : à Paris, par l'obtention du visa Cob – donné par téléphone puis confirmé ultérieurement par courrier – ailleurs, le *listing agent* communique par écrit au *lead manager* l'accord de la Bourse ;
- Euronext Paris SA (en cas de cotation à Paris) envoie au *lead manager* le projet de son avis à publier et recueille ses éventuels commentaires ainsi que le numéro du visa Cob ;
- le *lead manager* obtient tous les pouvoirs de signature des autres *managers.*

f) **Formalités à accomplir à la date de signature ou *signing***

L'émetteur s'engage dans le *subscription agreement* à émettre, à la date du *closing*, les titres décrits dans le *pricing supplement*, et les *managers* s'engagent à les acheter. Le *signing* a lieu idéalement au plus tard deux jours ouvrés avant le *closing*. En pratique, il n'est pas rare que la signature intervienne la veille, voire, quand il n'y a qu'un seul *manager*, le jour même du règlement. Plusieurs documents sont signés à cet effet et la mécanique de règlement se déclenche.

• Documents signés

S'agissant d'une émission privée, la documentation est réduite à sa plus simple expression : on signe un *pricing supplement.*

S'agissant d'une émission publique (dite syndiquée) sont signés : le *pricing supplement*, le *subscription agreement* et la première lettre de confort des commissaires aux comptes par laquelle ils certifient (i) l'exactitude des renseignements financiers figurant dans l'*offering circular* et le *pricing supplement,* et (ii) qu'il n'y a pas eu de changement depuis.

L'émetteur, le *lead manager* et les avocats se mettent d'accord sur le contenu des documents à remettre au *closing*, dont la remise ultérieure au *lead manager* est une condition suspensive à la réalisation de l'émission :

- les avis juridiques des cabinets d'avocats de l'émetteur et des managers ;
- la deuxième lettre de confort des commissaires aux comptes de l'émetteur ;
- le *closing certificate,* dans lequel l'émetteur et le cas échéant son garant confirment, à la date du *closing*, (i) les engagements et garanties donnés dans l'*offering circular* et les contrats, et (ii) qu'aucun changement important n'est intervenu dans le contexte de l'émission depuis la date de signature ;
- en cas de titres définitifs : la lettre d'instruction à l'imprimeur des titres.

La deuxième lettre de confort, qui réitère cette certification, ainsi que le *closing certificate* sont signés lors du *signing*, mais en date du *closing* et déposés en séquestre ou *escrow*, auprès de l'avocat des *managers* jusqu'au *closing*.

Sont aussi prévues, les instructions de paiement entre le *lead manager*, les *managers* et l'émetteur, ainsi qu'une éventuelle lettre de frais (*expenses side letter*) entre le *lead manager* et l'émetteur (contre-lettre modifiant l'allocation des frais, prévue au *subscription agreement*).

La signature anticipée et la mise sous séquestre de ces documents n'est qu'une facilité. Elle rend inutile aux parties de se revoir au *closing,* qui est donc réduit à peu de choses.

• **Mécaniques de règlement**

Entre le *signing* et le *closing* de l'émission, une mécanique pour créer les titres et procéder au règlement du *cash* se met en œuvre. Elle est différente selon le droit applicable.

– **En droit français**, on distingue les émissions dématérialisées (les plus courantes) des émissions matérialisées (uniquement possibles en dehors des frontières).

Pour les premières, les choses sont très simples. L'émetteur envoie (par fax puis par porteur), au plus tard un jour avant le règlement, une lettre comptable signée par lui ou par le *lead manager* pour le compte de l'émetteur, à Euroclear France, dépositaire central, ou *Central Depository*, qui crée les titres dématérialisés (inscriptions en compte ou *book entry* à la date de règlement). Euroclear France reçoit du *lead manager* une copie des instructions irrévocables de payer l'émetteur et crée en contrepartie les titres dans le compte de syndication du *lead manager*. Si l'émission est libellée en euro, le paiement de l'émetteur et la livraison des titres au chef de file se font simultanément dans le système RGV – Relit Grande Vitesse (on parle de livraison contre paiement). Si l'émission est libellée en devise, Euroclear France attend d'avoir reçu du chef de file une copie de ses instructions irrévocables de payer l'émetteur avant de créer les titres dans le système (on parle alors de livraison franco-paiement).

Selon cette mécanique de dématérialisation pure, il n'y a aucun frais de *Central Depository*. Le service financier est alors facturé à son coût réel, ce qui fait apparaître les émissions dématérialisées comme plus onéreuses que les émissions matérialisées (cf. chap. 3, II., A., 2., a).

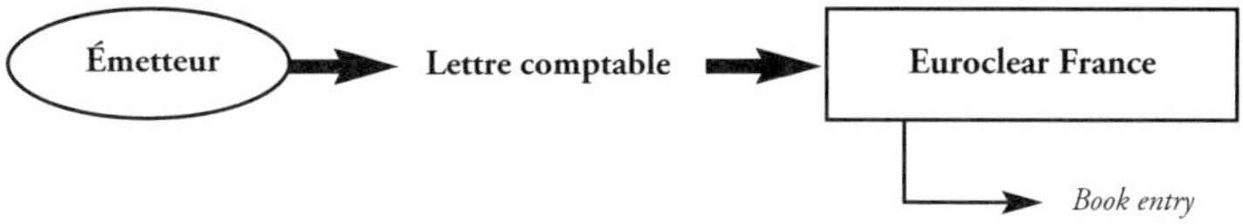

Pour les secondes c'est plus complexe. L'émetteur rédige et signe un document papier intitulé *Temporary Global Certificate* qu'il transmet matériellement soit (a) à Euroclear France, en qualité de *Central Depository* pour l'ensemble des centrales de *clearing*, soit (b) à une banque quelconque, en qualité de *Common Depository* pour Euroclear Bank et Clearstream. Une fois déposé, le *Temporary Global Certificate* ne circule pas et Euroclear France (hypothèse (a)) ou Euroclear Bank et Clearstream (hypothèse (b)) procèdent à sa dématérialisation électronique sous forme d'inscriptions en compte (*book entry*). Ce sont ces inscriptions qui circuleront ensuite de compte à compte jusqu'aux porteurs finaux.

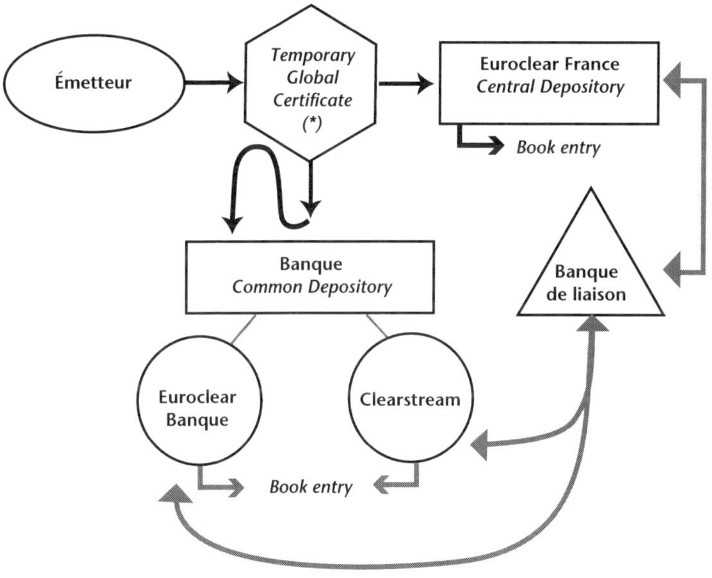

(*) Après 40 jours, titres définitifs ou *Permanent Global Certificate*.

Puis, s'ouvre un délai de quarante jours après l'émission du titre temporaire, à l'issu duquel le *Central Depository,* ou le *Common Depository* et les centrales contrôlent la nationalité des souscripteurs. Au terme de ce délai, ils certifient à l'émetteur l'absence de souscripteurs américains. Ils rendent alors son titre temporaire à l'émetteur, qui émet à la place un *Permanent Global Certificate.* Cette vérification est imposée par l'administration fiscale américaine (l'*Internal Revenue Service* ou *IRS*) : si au bout de quarante jours, la vérification est négative, aucune vérification ultérieure ne sera nécessaire et les agents payeurs pourront payer l'intégralité des coupons sans avoir à procéder à aucune retenue à la source pour le compte de l'IRS. Les deux états successifs du titre ne sont que la conséquence de la fiscalité américaine.

– **En droit anglais**, il n'y a que des émissions matérialisées.

Le schéma est sensiblement le même que pour les émissions matérialisées de droit français. Toutefois, et la nuance est importante, l'émetteur en droit anglais émet un *Temporary Global Bond* puis un *Permanent Global Bond,* c'est-à-dire un titre unique représentant l'ensemble de l'émission ! Une sorte de valeur mobilière unique quand elle est matérialisée, qui est ensuite dématérialisée en une multitude d'inscriptions comptables. Rien de tel n'est possible en droit français, où le concept de valeur mobilière correspond nécessairement à une multiplicité de titres, quel que soit leur état (cf. Tome 1, chap. 4, II., D).

A noter également qu'en droit anglais, le recours à Euroclear France comme *Central Depository* est rare.

Le *Permanent Global Certificate,* ou même le *Permanent Global Bond,* fonctionnent comme une reconnaissance de dette au porteur. Son existence matérielle n'offre pas la sécurité des émissions dématérialisées dès l'origine et son porteur est le dépositaire commun ou central. Les souscripteurs, eux, n'ont aucun titre en main, mais seulement leur reflet dématérialisé en compte. Ils supportent donc deux risques de crédit en droit anglais: celui sur l'émetteur et celui sur le dépositaire. Ils sont contractuellement garantis, dans le pire des cas, par les *exchange events* prévus dans l'*offering circular*. En cas d'*exchange events*, l'émetteur « casse » son *Global Bond* en émettant de nouveaux titres au porteur définitif, donnés en mains propres aux souscripteurs, procédant ainsi à une matérialisation pure. Les *exchange events* sont: les cas de défaut (*events of default*) liés à la solvabilité de l'émetteur ; l'hypothèse de la cessation d'activité des centrales de *clearing* pendant plus de quatorze jours, ou définitive sans continuation par une tierce entreprise, et la réalisation de l'évènement prévu par la clause de *tax gross up*[17], soit un changement de la fiscalité du pays de l'émetteur. Cette mécanique des *exchange events* est d'une importance fondamentale en matière d'émission internationale (cf. chap. 3, II., A., 4). Remarquons que les émissions, matérialisées avec un *Global Bond* ou *Global Certificate*, devraient disparaître, eu égard au risque de dépôt qu'elles comportent, au bénéfice des émissions dématérialisées pures (de type droit français). C'est ce qu'a précisé la BCE, qui souhaite ne plus admettre les émissions représentées par un *Global Bond*, ou *Certificate*, comme actif éligible dans les procédures de l'Eurosystème (cf. Tome 1, chap. 2, II., B., 2), notamment pour le collatéral nécessaire aux opérations de crédit (cf. le rapport de l'Institut monétaire européen publié en janvier 1998, intitulé *Standards for the use of EU Securities Settlement Systems in ESCB credit operations*, dont le standard 3 prévoit un lien unique et direct avec l'émetteur et écarte les risques de dépôt inutile (*undue custody risk*).

Quel que soit le droit de l'émission, elle a nécessairement un seul point de départ possible: soit Euroclear France, soit le *Common Depository*. Il est rarissime qu'une émission ait deux points d'entrée. Cela est toutefois possible, sous l'empire d'un droit qui connaît la matérialisation de l'émission toute entière sous forme d'un titre unique: deux *Global Bonds* seraient alors émis avec des dépositaires distincts pour une même émission. Ce serait aussi le cas lorsque l'émission contient une « tranche 144 A », pour un placement privé aux États-Unis, avec une entrée dans le

[17] Mise en application d'une retenue à la source (voir pour plus de détails le § 4. ci-après).

système européen, et une autre dans le système américain, appelé DTC (*Depository Trust Company*) [18].

g) **Formalités à accomplir à la date de règlement de l'émission ou *closing***

En réalité, les opérations ont lieu en une fraction de seconde. Un employé de l'émetteur apporte le *Global Certificate* ou *Global Bond* au dépositaire. Il est authentifié i.e., signé par le *Common,* ou *Central Depository,* dans sa salle des coffres, pour le compte de l'agent payeur principal et accompagné d'une lettre de livraison sur laquelle le dépositaire confirme au *lead manager* la réception du *Global Certificate* ou *Global Bond.* Au même moment, le *lead manager* lui confirme en retour les instructions de paiement du produit net de l'émission en faveur de l'émetteur, et le *Common,* ou *Central Depository,* vire le *cash* vers l'émetteur en émettant une confirmation de paiement. Puis intervient la cotation de l'emprunt. Enfin, sont envoyés au *lead manager* les avis juridiques des avocats de l'émetteur et ceux du syndicat, ainsi que la lettre de confort des commissaires aux comptes de l'émetteur (qui étaient sous *escrow*).

h) **Formalités à accomplir après le règlement**

Le chef de file envoie des copies conformes du *subscription agreement* et du *pricing supplement* aux membres du syndicat.

4) Coûts

Le coût de la mise en place du programme est très variable. Les trois principaux postes sont : les frais d'avocats de l'émetteur (au moins 22 000 euros) ; ceux du *lead manager,* qui prépare toute la documentation (au moins 38 000 euros) ; les frais de l'imprimeur du programme (au moins 22 000 euros pour la documentation complète qui fait environ 600 pages). Il faut donc compter, à titre indicatif, un minimum de 82 000 euros.

[18] Pour plus de précisions, v. document de synthèse de la Conférence Euroclear France du 4 octobre 2001.

S'ajoutent les frais engagés pour réaliser le *subscription agreement* et le *pricing supplement*. L'émetteur n'aura là recours aux services des avocats que pour les cas où la structure de l'émission est particulièrement complexe, et pour les émissions syndiquées. Le département juridique du *lead manager* choisit alors un cabinet d'avocats pour le syndicat, en fonction du droit applicable à l'émission, et de la nationalité de l'émetteur.

A Paris, Euronext Paris SA facture des frais d'admission à la cote. Ces frais sont identiques à ceux facturés pour une émission domestique avec APE.

A l'étranger, les frais sont variables selon la place de cotation. A titre d'exemple, les frais à Luxembourg, pour un émetteur ordinaire (non supranational), sont en février 2002 les suivants :

- **Frais de visa :**
  - pour l'*offering circular* du programme, les frais de première cotation sont de 1 500 euros et de 625 euros pour les cotations suivantes ;
  - pour chaque *pricing supplement*, l'émetteur paye 400 euros.

- **Frais d'admission du programme**

Ils sont de 1 200 euros pour la première cotation et de 600 euros pour les cotations suivantes. Pour chaque tranche l'émetteur paye 400 euros.

- **Frais de maintien à la cote**

Ils sont fonction du montant de l'emprunt. Les frais s'échelonnent de 440 à 800 euros, selon les tranches, pour la première année (de 50 millions d'euros pour la plus petite tranche à 500 millions d'euros pour la plus élevée) et de 315 euros à 570 euros pour les années suivantes.

Enfin, les émissions internationales bénéficient d'un statut fiscal privilégié : elles sont en général exemptées de retenue à la source dans le pays de l'émetteur, comme le prévoit en droit français l'article 131 *quater* du CGI. Les souscripteurs refusent de supporter le risque fiscal sur ces émissions, sauf s'ils y sont soumis sur un autre fondement que celui de leur simple souscription à l'emprunt, par exemple leur nationalité. Les modalités de ces émissions contiennent donc le plus souvent une clause de *tax gross up* selon laquelle, en cas de modification du traitement fiscal de l'émission, l'émetteur s'engage à payer les montants additionnels nécessaires, pour compenser l'effet de la retenue à la source pratiquée. Il a alors une option de remboursement anticipé à son initiative ou *optional tax call*. Il est prévu que cette option devienne obligatoire, ou *mandatory tax call,* dans l'hypothèse où la réglementation du pays de la retenue à la source bloque le jeu de la *tax gross up*. L'émetteur a encore la possibilité, pour échapper aux conséquences de la modification de la fiscalité, de transformer son *Global Certificate* ou *Bond* en titres définitifs remis entre les mains des véritables porteurs, tout en payant des montants additionnels pour le montant du coupon couru.

L'Union européenne étudie actuellement une proposition de directive, relative à l'imposition des revenus de l'épargne. Sous réserve qu'un certain nombre de conditions soient remplies, il est prévu que les États membres devront fournir aux autorités fiscales d'un autre État membre des informations détaillées sur tout paiement d'intérêts, au sens de la directive (intérêts, produits, primes ou autres revenus de créances), effectué par un agent payeur relevant de sa juridiction, au profit d'une personne physique résidente de cet autre État membre. A cette fin, le terme d'agent payeur serait défini largement et comprendrait notamment tout opérateur économique, responsable du paiement d'intérêt, au sens de la directive, au profit de personnes physiques bénéficiaires. Cependant, après une période de transition qui devrait se terminer sept ans après la date d'entrée en vigueur de la directive, certains États membres (Luxembourg, Belgique et Autriche) devraient appliquer, en lieu et place du système d'information appliqué par les autres États membres, une retenue à la source sur les intérêts de 15 % pendant les trois premières années et de 20 % jusqu'à la fin de la période transitioire.

> Cette directive vise à éviter la fraude fiscale. Pour autant, elle entraînerait le jeu des clauses de tax gross up prévues dans un nombre considérable d'opérations internationales et le jeu de ces clauses, pour un seul titre, s'étendrait alors contractuellement à toute l'émission !

B – Émissions hors programme d'*EMTN*

1) Situation

L'émetteur n'a pas de programme quand il intervient insuffisamment sur le marché. Le programme est un cadre qui standardise les émissions, mais il doit être mis à jour annuellement pour être efficace et le faible nombre d'émissions prive d'intérêt l'investissement qu'il représente. A défaut, l'émetteur réalise des émissions *stand alone*, au coup par coup.

2) Documentation

Comme il n'y a pas de programme préparé à l'avance, et donc pas d'*arrangeur*, chaque émission nécessite la réalisation d'une documentation complète, par le *lead manager*, que l'émetteur a choisie. Cependant, le contenu de la documentation reste le même et décrit les caractéristiques de l'emprunteur et de l'émission.

La documentation est en général établie selon le schéma international (anciens standards de l'eurofranc), mais elle peut aussi être établie selon le schéma domestique prévu par la Cob dans son règlement n° 98-01, ou la documentation relative à l'APE.

Elle est en langue anglaise, ou éventuellement française si l'on veut coter à Paris (cf. chap. 4, question 11).

3) Calendrier

Le calendrier est de trois à six semaines seulement, contrairement à celui plus long présenté pour les émissions faites dans le cadre d'un programme d'*EMTN*. Néanmoins, une fois le programme visé, la réalisation d'une telle émission est plus rapide sous programme (une à deux semaines).

4) Coûts

Alors même que l'émetteur n'investit pas lourdement dans la réalisation d'une documentation cadre, le coût d'une émission hors programme n'en reste pas moins élevé: la réalisation d'une documentation complète, à chaque émission, a un coût (même s'il s'agit, pour les émissions suivantes, de reprendre la documentation de la précédente émission *stand alone*), et les frais d'impression sont supérieurs à ceux sous programme, puisque la documentation est à chaque fois plus volumineuse qu'un *pricing supplement* seul.

Les autres frais (services financiers et commissions) sont facturés comme précédemment décrits, dans la partie relative aux programmes d'émissions. Toutefois, il conviendra d'étudier les frais de cotation en fonction de la place de cotation choisie.

Chapitre 4

Questions – Réponses

1 – Le porteur peut-il perdre de l'argent avec les obligations ?

Avec la modification des principes généraux de la Cob et du CMF (cf. Tome 1, chap. 30, II., B., 1., e.), les obligations, ou plutôt les titres complexes, peuvent être remboursées en dessous de leur valeur d'acquisition ! Comme un tel produit financier comporte un risque majeur, son émission dans le public est particulièrement contrôlée et fait l'objet d'un avertissement sur le prospectus. Il y a bien un risque pour l'investisseur, mais pas de surprise.

2 – Peut-on se fier à la cotation des obligations ?

Sur le marché des actions, mais sans doute plus encore sur le marché des obligations, les cours peuvent être facilement manipulés par un porteur procédant à une vente massive de titres, dans la mesure où les obligations ne sont pas toutes très liquides. C'est pourquoi, les grands émetteurs assimilent le plus souvent les nouvelles émissions à d'anciennes souches.

3 – Les personnes physiques peuvent-elles émettre des obligations ?

En droit français, les conditions d'émission de titres obligataires sont strictes. La réponse est négative. A la marge, il serait possible d'envisager une multitude de contrats de prêt sous seing privé. Pour l'emprunteur, l'opération aurait le même effet économique que l'émission d'obligations... Mais pour les prêteurs, l'opération aurait de bonnes chances de contrevenir au monopole bancaire, puisque la mise à disposition de fonds auprès du public est une opération de banque, assortie de sanctions pénales. Les prêteurs de surcroît ne pourraient bénéficier d'aucune négociabilité du titre, sauf à respecter les formalités de l'article 1690 du C. civ., puisque les différents contrats de prêt ne sont pas fongibles.

4 – Choix entre émission domestique ou internationale?

Il est erroné de penser qu'il existe une tendance de fond vers l'internationalisation des emprunts obligataires. Certes, les arguments pour lancer un emprunt international sont nombreux: atteindre une base d'investisseurs plus large ; obtenir de meilleures conditions financières, eu égard au volume des opérations envisagées ; bénéficier d'un contexte plus libéral (non soumis à une norme nationale), qui permet de réunir les capitaux souhaités plus rapidement et dans la devise nécessaire au développement de ses activités. Mais en réalité, les émetteurs ne se désintéressent jamais de leur marché domestique, dans la mesure où ils sollicitent plus facilement une clientèle domestique qui les connaît bien et souvent à moindres frais. Seule, peut-être, la taille des émissions (de montant considérable ou *jumbo*) nécessite le recours à un marché plus large que son marché domestique.

5 – En combien de temps peut-on émettre des obligations?

Tout dépend de la façon de procéder: l'émission internationale, sous programme sans cotation, permet de collecter des fonds dans le délai minimal d'une semaine! Au contraire, le règlement d'une émission avec APE, auprès du public français, et cotation, n'intervient que cinq semaines minimum après la décision de procéder à l'émission (préparation de la note d'information, deux à trois semaines jusqu'à l'obtention du visa, plus trois semaines pour le placement) (cf. chap. 3). Les émissions domestiques, dites assimilables à une souche plus ancienne, font exception, la documentation existante permettant de réaliser l'opération dans un délai d'une semaine.

6 – Qu'est-ce qu'une tranche 144 A ?

Il s'agit de l'article 144 A du *US Securities Act* de 1933 qui autorise le placement privé auprès des *Qualified Institutionnal Buyers* (*QIB's*), soit des investisseurs institutionnels américains, sans avoir besoin d'enregistrer une documentation auprès de la *Securities Exchange Commission* (formalité nécessaire à l'APE aux États-Unis). Ce régime permet de placer des titres sur le territoire américain (avec un prospectus). Les *QIB's* peuvent accepter de recevoir leurs titres en Euroclear et Clearstream (c'est l'usage en matière internationale). Si les investisseurs demandent à recevoir leurs titres directement aux États-Unis, il est possible d'en organiser la livraison par l'intermédiaire du système de *clearing* local, appelé *DTC* (équivalent d'Euroclear France).

7 – Émission *stand alone* contre émission sous programme

La comparaison de ces deux types d'émissions n'est pertinente qu'à la condition d'en préciser leur portée. Il ne s'agit pas, pour un émetteur qui intervient deux fois l'an, de financer la mise en place d'un programme, ce serait comme acheter un autobus pour transporter deux personnes ! L'émission sous programme, outre son prestige, est avant tout une technique contractuelle permettant de faire des économies d'échelle.

Émissions *stand-alone*	Émissions sous programme d'*EMTN*
Contrats	
Contrat de souscription	
Document volumineux, décrivant les obligations de l'émetteur et des banques, membres du syndicat. Sa production est coûteuse et peut impliquer une renégociation substantielle avec l'émetteur pour chaque opération.	Document court, étant donné que les déclarations et garanties de l'émetteur sont contenues dans le *program agreement* ou *dealership agreement* relatif au programme. Par ailleurs, la négociation est facile car un modèle du *subscription agreement* existe dans le *program agreement*, mais cela n'empêche pas une renégociation.
Contrat d'agent payeur	
Un nouveau contrat doit être signé lors de chaque émission.	Un contrat intitulé *program agency agreement* est signé à la date d'établissement du programme d'*EMTN* et fait partie de ce programme. Il encadre toutes les émissions lancées sous le programme.
Documentation/prospectus	
Vingt copies de la note d'information imprimée (70 pages) sont exigées par la Cob, ce qui implique des coûts élevés. Chaque investisseur peut également en demander une copie. Chaque émission nécessite la production d'une nouvelle note.	Vingt copies du programme (600 pages) sont délivrées une fois pour toute à la Cob, puis à chaque opération, où son visa est nécessaire, vingt copies du *pricing supplement*.

Documents pour la cotation	
Vingt copies de la note d'information imprimée (70 pages) sont exigées par la Cob, ce qui implique des coûts élevés. Chaque investisseur peut également en demander une copie. Chaque émission nécessite la production d'une nouvelle note.	Vingt copies du programme (600 pages) sont délivrées une fois pour toute à la Cob, puis à chaque opération, où son visa est nécessaire, vingt copies du *pricing supplement.*
Opinions et lettres de confort	
Nouvelles opinions juridiques et lettres de confort sont nécessaires lors de chaque opération. Les coûts des émissions sont donc élevés.	Des opinions juridiques et des lettres de confort sont signées à la date d'établissement du programme. Seules les émissions syndiquées, lancées dans le cadre du programme, nécessiteront un avis juridique, ainsi qu'une lettre de confort fondée sur les documents originaux, établis avec le programme, attestant qu'il n'y a pas eu de changement depuis la précédente lettre de confort. Ceci permet une réduction des coûts juridiques et d'auditeurs.
Frais juridiques	
L'intervention d'un cabinet d'avocats, est le plus souvent utilisée, tant pour la rédaction du prospectus que pour l'émission d'un avis juridique. Les frais juridiques sont donc relativement élevés.	La rédaction du *pricing supplement* est souvent réalisée par les juristes internes du chef de file. Mais un cabinet d'avocats, émet un avis juridique. Les frais juridiques sont donc sensiblement réduits, mais le coût de réalisation du programme est très important.

8 – *Bond* ou *note* et obligations

Le terme *bond* est synonyme du terme *note* en droit anglais, mais les *bonds* sont en principe l'équivalent des obligations à taux fixe et à plus de cinq ans, alors que les *notes* sont en principe l'équivalent des obligations à taux variable et peuvent avoir une échéance plus courte.

9 – Normalisation ?

L'*International Primary Market Association* (*IPMA*) est un organisme professionnel international qui regroupe les plus importants groupes bancaires, et intervient aux fins d'encadrer, par ses recommandations, la pratique des émissions de tous titres de créance, notamment dans le cadre de programme d'*EMTN*. Ces recommandations n'ont aucune force obligatoire et sont en quelque sorte des règles de bonne conduite entre *dealers*. L'*IPMA* définit aussi des modèles de documents contractuels, et même des contrats types que les opérateurs utilisent de façon systématique, à l'instar d'une association de consommateurs. (cf. chap. 1, I., B., 5. et chap. 3, II., A., 2., a.).

Le Comité de normalisation obligataire (CNO) est un organisme qui regroupe les principaux émetteurs français de la place et le Trésor. Ils se réunissent au fil de l'eau afin de simplifier les pratiques du marché obligataire en France.

Le Comité des émissions était composé, avant sa suppression en 1998, de grandes banques françaises (Crédit lyonnais, BNP, Société générale, CCF, CIC, Paribas, Caisse centrale des Banques populaires, CDC, CNCA Indosuez) et d'une banque étrangère (J.-P. Morgan). Il assurait la gestion du marché obligataire. Il examinait les projets d'emprunts, établissait le calendrier des émissions (en tenant compte des besoins des émetteurs et de la capacité d'absorption par le marché) et déterminait les conditions d'émission des titres.

10 – *Due diligence?*

La *due diligence* consiste, pour une banque dirigeant une émission ou arrangeant un programme, à s'assurer que les informations dispensées aux investisseurs concernant l'émetteur sont exactes et complètes et ne contiennent ni erreur ni omission.

Pourquoi une *due diligence* ?

- Afin que les investisseurs soient correctement informés et souscrivent le papier, en connaissant les risques associés à leur investissement.
- Afin qu'aucune poursuite ne soit engagée par un investisseur à l'encontre de l'émetteur ou des banques pour avoir failli à leur devoir d'information. Rappelons que la *due diligence* est conduite en vue de rédiger le prospectus (qui contient notamment des informations financières sur l'émetteur et une description de celui-ci) qui sera distribué aux investisseurs.

Quels sont les risques à neutraliser?

- Risques commerciaux: une information incorrecte ou insuffisante peut porter atteinte au succès de la transaction, à la réputation des banques placeuses et de l'émetteur, le *pricing* de l'émission peut ne pas refléter le risque réel de l'opération…
- Risques juridiques: un investisseur s'estimant induit en erreur peut demander réparation.

Qui conduit la *due diligence*?

Elle est conduite par la banque chef de file de l'émission ou l'arrangeur du programme; des analystes financiers y sont associés, assistés de juristes et éventuellement d'un cabinet d'avocats.

Quelles transactions requièrent une *due diligence*?

Les placements privés aussi bien que publics nécessitent une *due diligence.* En effet, même si un placement privé s'adresse *a priori* à des investisseurs qualifiés, cela ne dispense pas la banque de son devoir d'information et de contrôle. La responsabilité de la banque peut être mise en jeu à quatre titres, si elle n'a pas ou mal conduit une *due diligence*:

- le devoir d'information du banquier: la jurisprudence française fait peser sur le banquier le devoir de s'informer sur la situation du client, sur ses capacités financières ou l'évolution de sa situation. C'est la raison pour laquelle le banquier doit exiger la production de documents comptables, certifiés par les commissaires aux comptes ;
- la responsabilité du banquier est contractuelle: en droit français, elle résulte d'une obligation de prudence et de diligence qu'édicte l'article 1147 du Code civil et de l'inexécution d'une obligation de moyens. La faute du banquier ne résulte pas *ipso facto* de l'inexactitude; il n'est en effet pas tenu de garantir l'exactitude des renseignements fournis, mais il doit déployer une certaine diligence pour parvenir à cette exactitude ;
- la responsabilité pénale, résultant du délit de fausse information: l'article L. 533-4, du Code monétaire et financier (ex-art. 58 de la loi Maf) dispose que les PSI doivent « *exercer leur activité avec la compétence, le soin et la diligence qui s'imposent* » et « *communiquer, d'une manière appropriée, les informations utiles dans le cadre des négociations avec leurs clients* » ;
- la Cob a une mission générale de protection de l'épargne et de contrôle des marchés boursiers. Aux termes de l'article 1er de l'ordonnance de 1967, la Cob « *veille à la protection de l'épargne investie dans les instruments financiers et tous autres placements donnant lieu à appel public à l'épargne, à l'information des investisseurs et au bon fonctionnement des marchés d'instruments financiers* ».

Enfin, l'*IPMA* émet la recommandation suivante:

« *Lead managers should consider carefully the appropriate level of due diligence to be performed in the context of each issue. It is impossible to prescribe whether or what due diligence procedures would be appropriate in the circumstances of each issue, and procedures will vary greatly from issue to issue (depending, for example, on the type of securities being issued, the rights attached to those securities and the nature of the issuer and its business)* ».

11 – Loi Toubon, utilisation du français

Par décision, en date du 6 décembre 2001, le Conseil constitutionnel a déclaré conforme à la Constitution l'article 27-I-2° de la loi portant Mesures urgentes de réformes à caractères économiques et financiers (loi Murcef) du 11 décembre 2001, publiée au *JO* du 12 décembre 2001. Le Conseil constitutionnel a toutefois assorti sa décision d'une réserve.

L'article 27-I-2° de la loi Murcef réintroduit l'emploi d'une langue usuelle en matière financière, autre que le français, dans les prospectus relatifs à l'offre au public ou à l'admission sur un marché réglementé français d'instruments financiers, auxquels sera annexé un résumé en français, dont l'étendue est défini par la Cob dans son règlement 2002-03.

Le degré de précision de l'information, à fournir en langue française, est supérieur à celui établi avant l'arrêt « Géniteau », mais il convient de ne pas accroître le mécontentement des défenseurs de la langue française.

On peut remarquer toutefois que la Cob, de la première émission qu'elle a visée au titre de son règlement 2002-03, a accepté que les parties du résumé concernant l'organisation, l'activité et la situation financière de l'émetteur soient limités à de simples renvois au document de référence. Si cette pratique devait se confirmer, elle serait de nature à redynamiser la place de Paris.

Rappelons que l'arrêt « Géniteau », rendu le 20 décembre 2000 par le Conseil d'État, se prononçait en faveur de l'application de la loi n° 94-665 du 4 août 1994 relative à l'emploi de la langue française (dite loi « Toubon »), au détriment de l'utilisation d'une langue étrangère usuelle en matière financière (principalement la langue de Shakespeare).

Depuis l'arrêt « Géniteau », la Cob ne donnait un visa que sur les prospectus intégralement rédigés en français, sans regarder, si elle existait, la version anglaise.

Ce changement a eu pour conséquence directe de détourner, de manière notable, les émetteurs (français comme étrangers) de la place de Paris, au profit d'autres places européennes et notamment celle du Luxembourg, où la réglementation y est significativement moins contraignante, du moins dans l'esprit des émetteurs. Comme en témoignent les chiffres, transmis par la Cob et Euronext Paris SA, le nombre d'émissions obligataires cotées à Paris a été divisé par trois entre janvier-avril 2000 et janvier-avril 2001, passant d'un montant total d'émissions obligataires de 33 à 11 milliards d'euros.

Abréviations et sigles

APE	Appel public à l'épargne
Balo	Bulletin des annonces légales obligatoires
BCE	Banque centrale européenne
BCN	Banque centrale nationale
BEI	Banque européenne d'investissement
BIFS	Bon d'institutions financières spécialisées
BMTN	Bon à moyen terme négociable
BON	Billet à ordre négociable
BRI	Banque des règlements internationaux
BSF	Bon de société financière
BT	Billet de trésorerie
BTAN	Bon à taux fixe et intérêt annuel normalisé
BTF	Bon à taux fixe
C. civ.	Code civil
C. com	Code de commerce
CD	Certificat de dépôt
CDC	Caisse des dépôts et consignations
CE	Commission européenne
CEE	Communauté économique européenne
CGI	Code général des impôts
CMF	Conseil des marchés financiers
Cmfi	Code monétaire et financier
CNO	Comité de normalisation obligataire

Cob	Commission des opérations de bourse
CR	Cercle restreint
CRBF	Comité de la réglementation bancaire et financière
D. Affaires	Dalloz Affaires
DPF	Dossier de présentation financière
DSI	Directive relative aux services d'investissement
DTC	*Depository Trust Company*
ECU	*European Currency Unit*
EEE	Espace économique européen
EMTN	*Euro Medium Terms Notes*
FBF	Fédération bancaire française
GIE	Groupement d'intérêt économique
IPMA	*International Primary Market Association*
IQ	Investisseur qualifié
IRS	*Internal Revenue Service*
ISIN	*International Securities Identification Number*
JO	Journal officiel de la république
JOAN	Journal officiel de l'assemblée nationale
Loi bancaire	Loi n° 84-46, relative à l'activité et au contrôle des établissement de crédit, du 24 janv. 1984
Loi DDOEF	Loi portant diverses dispositions d'ordre économique et financière
Loi de 1966	Loi n° 66-537, sur les sociétés commerciales, du 24 juillet 1966
Loi Maf	Loi n° 96-597, de modernisation des activités financières, du 2 juillet 1996
Loi Murcef	Loi n° 2001-1168, portant mesures urgentes de réformes à caractère économiques et financiers, du 11 décembre 2001

OCDE	Organisation de coopération et de développement économique
Opcvm	Organisme de placement collectif en valeurs mobilières
PSI	Prestataires de services d'investissement
SEBC	Système européen de banques centrales
Target	*Trans-european Automated Real-time Gross settlemnet Express Transfer*
TEC	Taux de l'échéance constante
TME	Taux de rendement actuariel mensuel des emprunts d'État
TCN	Titres de créances négociables
UE	Union européenne

Bibliographie

Ouvrages bancaires et financiers – Traités

AUGROS J.-CL., *Finance : options et obligations convertibles*, Economica, 1992.

BITO CH., *La gestion obligataire*, 2e éd., Dalloz, 1988.

BLANDIN G., *Les obligations à bon de souscription d'actions, analyse et évaluation*, Sefi, 1994.

BOMPAIRE F., *Le marché obligataire français*, PUF, coll. Que sais-je ?, 1986.

BONNEAU TH., (sous la direction de), BUTSCH J.-L., CAUSSE H., COURET A., DECOOPMAN N., DOMPE M.-N., ESSOMBE-MOUSSIO J.-J., GISSINGER P., D'HEROUVILLE J.-G., LE CANNU P., LE NABASQUE H., MERKIN C., PELTIER F., PORTIER P., RONTCHEVSKY N., SAINT-MARS B. DE, STEPHAN P., VIANDIER A., *La modernisation des activités financières*, GLN Joly, éd., 1996.

BONNEAU TH., DRUMOND F., *Droit des marchés financiers*, Economica, 2001.

BOUERE J.-P., DEROUIN PH., DESACHE J.-M., DUHAMEL A., MALINVAUD E. et VAUPLANE H. DE, *Titres & emprunts obligataires*, Tome 1, Banque Éditeur, 1998.

CABALLERO C., *Le marché monétaire*, Dalloz, Collection Gestion Pratique, 2e éd., 1990.

CASSOU P.-H., *La réglementation bancaire*, Sefi, 1997.

CHOINEL A. et ROUYER G., *Le marché financier, structures et acteurs*, 6e éd., Banque Éditeur, Collection Banque-ITB, 1999.

CLAUDE P., *Les marchés de capitaux français du jour le jour sur 30 ans*, AFTE et Economica, 1995.

CLERMONT-TONNERRE A. de, LEVY M.-A., *Les obligations à coupon zéro : démembrement des OAT*, Economica, 1992.

DAGUET P. et PLANCHE J.-M., *Les émissions d'actions et d'obligations, concepts et techniques*, Economica, 1994.

DELATTRE E., *Les nouveaux instruments financiers*, PUF, coll. Que sais-je ?, 1994.

DOV Z., *Le système financier français, dix ans de mutations*, Les études de la documentation française, 1993.

GERVAIS J., *Gérer une trésorerie d'entreprise*, La Villeguérin, 1990.

GIBSON R., *Obligations et clauses optionnelles : principes d'évaluation*, PUF, 1990.

HOPIN C. et BOSVIEUX H., *Des sociétés civiles et commerciales*, Administration du journal des notaires et des avocats et Librairie de la Société du recueil Sirey, 7e éd., 1935.

JOANNY M., *Les obligations, marché au comptant et à terme*, Sefi, 1988.

KARYOTIS C., *La place financière de Paris*, Banque Éditeur, Collection Les essentiels de la banque, 1999 ; *La circulation internationale des valeurs mobilières*, Banque Éditeur, 1994.

LA BRUSLERIE H. DE, *Gestion obligataire internationale*, Tome 1 ; *Gestion de portefeuille et contrôle*, Tome 2, Economica 1990 (2 volumes) ; *Trésorerie d'entreprise, gestion des liquidités et des risques*, Précis Dalloz, 1997.

LE BIHAN F., *Obligations et titres divers*, Eyrolles, 1991.

LEROUX F., *Marchés internationaux de capitaux*, 2e éd., Eska, 1994.

MATTOUT J.-P., *Droit bancaire international*, 2e éd., Revue Banque, 1996.

MOHSENI A., et MULOT M.-L., *Obligations et options attachées*, PUF, 1991.

PAPADIA F. et SANTINI C., *La banque centrale européenne*, Banque Éditeur, Collection Les essentiels de la banque, 1999.

PILVERDIZER-LATREYTE J., *Le marché financier français*, Economica, 1991.

RIVES-LANGE J.-L. et CONTAMINE-RAYNAUD M., *Droit bancaire*, 6e éd., Précis Dalloz, 1995.

SIMON Y., *Techniques financières internationales*, 7e éd., Economica, oct. 2002.

TASSIN H., *Connaître les obligations*, Édition Journal des finances, 1997.

VAUPLANE H. DE et BORNET J.-P., *Droit des marchés financiers*, 3e éd., Litec, 2001.

RÉPERTOIRES – OUVRAGES PRATIQUES

Dictionnaire Joly Bourse et produits financiers – Titres de créances négociables, JEANTIN M. et PAOLI-GAGIN V., 1998.

Dictionnaire technique de la Bourse et des marchés financiers, VILLENEUVE DE J.-F., Soficom éd., 1999.

Éditions Juris-Classeur, fasc. 1870, *Obligations : généralités, émissions, souscriptions*, PEZARD A., 2000.

Éditions Juris-Classeur, fasc.1880, *Obligations : garanties et droits susceptibles d'être conférés aux obligataires*, PEZARD A., 2001.

Éditions Juris-Classeur, fasc.1890, *Obligations : remboursements des obligations*, PEZARD A., 1998.

Éditions Juris-Classeur, fasc. 1895, *Obligations : droits, devoirs et protection des obligataires*, BOUGNOUX A., 2001.

Éditions Juris-Classeur, 1900, *Obligations : masse des obligataires*, BOUGNOUX A., 2001.

Encyclopédie Dalloz Sociétés, *Obligations*, ROBERT M.-C., 1990.

Lamy droit du financement, *Endettement à long terme de type obligataire*, n° 679 et s., 2003.

Lamy droit du financement, *Titres de créances négociables*, n° 1506 à 1574, 2003.

Lamy Sociétés commerciales, *Obligations et titres participatifs*, n° 4467 et s., 2002.

Traité Joly Sociétés, *Obligations*, LESGUILLIER G., 1999.

Traité Joly Sociétés, *Valeurs mobilières*, LUCAS F.-X., 2000.

Articles – Chroniques

ALBOUY M., « Le charme discret des obligations convertibles ou comment faire une augmentation de capital après un krach boursier », *Banque & Marchés*, n° 16, 1994.

BARBIERI J.-F., « Associés et obligataires d'une société faillie » *Rev. proc. coll.*, 1991.

CAUSSE H., « Prêts de titres et titres de créances négociables après la loi du 26 juillet 1991 », *JCP éd. E,* 1992, I.

CHOINEL A. et ROUYER G., « Le Marché financier, structures et acteurs », *Revue Banque*, 1999.

COURET A., « L'élargissement de la catégorie des titres de créances négociables : les bons à moyen terme négociables », *Bull. Joly*, 1992.

DUROX S., « Conséquences sur les marchés obligataires et les instruments de taux », *RD bancaire et bourse*, n° 66, mars-avr., 1998.

DUVEZIN-CAUBET, « La réforme des titres de créances négociables », *Bull. Banque de France*, n° 82,1992.

ENDREO G., « Les obligations libellées en eurofrancs », *RD bancaire et bourse*, janv.-févr., n° 11, 1989 ; « L'euro et les émissions obligataires internationales », *RD bancaire et bourse*, n° 63, oct. 1997.

ENDREO G. et CLERMONTEL P., « Placement privé et appel public à l'épargne », *RD bancaire et bourse*, n° 31, mai-juin 1992.

FENZT A., « Les obligations foncières ont-elles un avenir en France ? », *Option Finance*, n° 536, 1999.

FUZIER P. E., « La réforme des sociétés de crédit foncier », RD bancaire et bourse, n° 75, 1999.

GRANGE CH., « Les obligations à bons de souscription d'actions », *Petites Affiches*, n° 150, 1986.

GUILLOU J.-P., JOULIE P., « Les emprunts à fenêtres », *Revue Banque*, n° 446, 1985.

HOVASSE H., « Les obligations foncières », *Bull. Joly Bourse et produits financiers*, janv. 2000.

HUBAUD B., MARION FL., « Marché obligataire, le nouveau marché des obligations foncières », *Revue Banque*, n° 607, 1999.

JAFFRE PH., « L'unification du marché des capitaux », *Revue Banque*, 1986.

JOANNY M., « Les obligations, marché au comptant et à terme », *Sefi*, 1988.

KOLIFRATH G., « 1994, l'année des BMTN », *MTF*, n° 60, mai 1994.

LEFEVRE L., « Démarchage financier : limites et lacunes du cadre juridique face aux pratiques de la commercialisation des produits et services financiers », *Banque & Droit*, n° 32, nov.-déc. 1993.

LE CANU P., « L'ambiguïté d'un concept négatif : les valeurs mobilières », *Bull. Joly*, n° 10, 1993.

MABILLE PH., « Le marché obligataire existe-t-il ? », Marchés et Techniques Financières, n° 32, 1991 ; « Marché obligataire français – Évolution ou cadre réglementaire », *MTF*, n° 31, 1991.

MARTIN DIDIER R., « Du titre et de la négociabilité (à propos des pseudotitres de créance négociables) », *Recueil Dalloz Sirey*, 3e cahier, 1993.

MONNIER P., « À la découverte des obligations… », *Gestion de fortune*, nov. 1994.

NERCY G. DE, « Obligations convertibles européennes : l'accélération », *Revue Banque*, n° 584, 1997.

STOUFFLET J. et DUROX S., « Les émissions en eurofrancs, essai d'une théorie juridique », *RD bancaire et bourse*, n° 38, sept.-oct. 1994.

TOVI L., « L'État : un émetteur unique », MTF, n° 31, 1991 ; « Le zéro pseudoconvertible », *MTF*, n° 36, 1991.

Thèses – Monographies

ARCHAMBAULT A. L., *La nature juridique des valeurs mobilières*, Thèse Paris I, (dact.), nov. 1998.

BLONDEAU, *Obligations échangeables contre des actions*, Thèse Paris, 1967.

CAUSSE H., *Les titres négociables*, Thèse Montpellier, 1991.

CHAKRI M., *Les emprunts internationaux sur le marché des obligations internationales*, Thèse Paris I (dact.), 1987.

JACQUEMONT A., *L'émission des emprunts euro-obligataires – Pouvoirs bancaires et souveraineté étatiques,* Thèse Dijon (travaux du centre de recherche sur le droit des marchés et des investissements internationaux), Paris Librairies Techniques, 1976.

REYGROBELLET, *La notion de valeur mobilière,* Thèse Paris II (dact.), 1995.

DIVERS

ANSA, Annales 1998-2002 p. 71 s.

Marchés financiers et boursiers, le marché monétaire, CFPB, 2000.

Document de synthèse de la Conférence Euroclear France du 4 octobre 2001.

Table des matières du Tome 1

Théorie juridique et comparaison des marchés

2) Les implications de la mise en place du Système européen de banques centrales sur les actifs éligibles utilisés en garantie dans les opérations de refinancement

3) Les différents types de procédures applicables aux opérations d'*open market*

Chapitre 2 : Les Titres de créance négociables (TCN)

I. Présentation générale des TCN

A - Eléments de chronologie

B - Caractéristiques essentielles

C - Régime juridique

II. Typologie des émetteurs, variété des TCN et organisation du marché

A - Les émetteurs de titres de créance négociables

B - Une pluralité de titres de créance négociables

1) Le certificat de dépôt

2) Les billets de trésorerie

3) Les bons à moyen terme négociables

4) Les bons du Trésor

C - L'organisation du marché des titres de créance négociables

1) Les souscripteurs

2) Les conditions d'émission, les obligations d'information et la protection des souscripteurs

3) Le marché primaire et le marché secondaire

II. Différences ?

A - Information

B - Autorisation d'émission

C - Détention des titres

D - Émission en série

E - Cotation

Chapitre 5 : Les obligations
Comparaison avec d'autres titres - Typologie

I. Obligations et autres titres

A - Obligation et action (L. 228-7 et s., C. com)

1) Différences

2) Avantages des obligations

B - Comparaison avec d'autres titres

1) Obligation et titres associatifs (L. 213-9, Cmfi)

2) Obligation et certificats d'investissement (L. 228-30, C. com)

3) Obligation et titres participatifs (L. 228-36, C. com et L. 213-32, Cmfi)

4) Obligation et parts de fondateur (L. 228-4, C. com)

5) Obligation et bons de caisse (L. 223-1 et s., Cmfi)

II. Typologie des obligations

A - Obligations avec une composante action

1) L'Obligation convertible en actions (OCA)

2) L'Obligation échangeable en actions (OEA)

3) L'Obligation à option de conversion et/ou échange en actions nouvelles ou existantes (OCEANE)

4) L'Obligation remboursable en actions (ORA)

Notes de lecture

Notes de lecture

NOTES DE LECTURE

Notes de lecture

Imprimé en France. - JOUVE, 11, bd de Sébastopol, 75001 PARIS
N° 318762S. - Dépôt légal : décembre 2002